# Controle civil sobre os militares

PROGRAMA SAN TIAGO DANTAS DE PÓS-GRADUAÇÃO
EM RELAÇÕES INTERNACIONAIS

Universidade Estadual Paulista – UNESP
Universidade Estadual de Campinas – Unicamp
Pontifícia Universidade Católica de São Paulo – PUC-SP

HÉCTOR LUIS SAINT-PIERRE (ORG.)
CARLOS GUTIÉRREZ P.
ÉRICA WINAND
ERNESTO JUSTO LOPEZ
JULIÁN GONZÁLEZ GUYER

# Controle civil sobre os militares

## e política de defesa na Argentina, no Brasil, no Chile e no Uruguai

editora unesp

Programa de Pós-Graduação em Relações Internacionais
UNESP - UNICAMP - PUC/SP

Fundação Editora da UNESP (FEU)
Praça da Sé, 108 – 01001-900 – São Paulo – SP
Tel.: (0xx11) 3242-7171
Fax: (0xx11) 3242-7172
www.editoraunesp.com.br
www.livrariaunesp.com.br
feu@editora.unesp.br

Programa San Tiago Dantas de Pós-Graduação em
Relações Internacionais da UNESP, Unicamp, e PUC-SP
Praça da Sé, 108 – 3º andar
01001-900 – São Paulo – SP
Tel.: (0xx11) 3101-0027
www.unesp.br/santiagodantassp
www.pucsp.br/santiagodantassp
www.ifch.unicamp.br/pos
relinter@reitoria.unesp.br

CIP Brasil. Catalogação na fonte
Sindicato Nacional dos Editores de Livros, RJ

C782

Controle civil sobre os militares e política de defesa na Argentina, no Brasil, no Chile e no Uruguai / [organizador] Héctor Luis Saint-Pierre. – São Paulo: Editora UNESP: Programa San Tiago Dantas de Pós-Graduação em Relações Internacionais da UNESP, Unicamp, e PUC-SP, 2007.

ISBN 978-85-7139-781-1

1. Militarismo – América Latina. 2. Controle civil do poder militar – América Latina. 3. Defesa nacional. 4. Relações entre civis e militares. 5. América Latina – Política militar. 6. América Latina – Política e governo. I. Saint-Pierre, Héctor Luis, 1952-. II. Programa Interinstitucional San Tiago Dantas.

07-3332. CDD: 322.5098
CDU: 323.2(8)

*Beneficiário de auxílio financeiro da CAPES – Brasil*

Editora afiliada:

Asociación de Editoriales Universitarias de América Latina y el Caribe

Associação Brasileira de Editoras Universitárias

# Sumário

# PREFÁCIO*

1. Têm razão os autores ao sustentar que, nos países do subcontinente latino-americano em geral, uma janela de atenção abriu-se para as questões que concernem à condução das Forças Armadas. Estamos na presença de um sólido movimento doutrinal e analítico de caráter multidisciplinar. Porém, abriu-se também o debate nacional. Vários países elaboraram seu *Livro branco de defesa* e alguns constituíram grupos de reflexão para preparar as reformas militares.

Não me parece que deva causar surpresa essa situação. As mudanças produzidas na ordem mundial supunham a transformação do papel dos exércitos em muitos âmbitos geográficos, bem como no latino-americano. Com efeito, a atitude das Forças Armadas já não adota, ao menos em seus termos tradicionais, as formas clássicas da intervenção que constituíram um mal endêmico centro e sul-americano.

Sabe-se que, embora o militarismo seja um fenômeno nascido na Europa continental do século XIX, irrompe com força na América Latina por meio de fórmulas que vão do caudilhismo até os golpes autoritários e ditaduras dos anos 1960 e 1970 com a finalidade de proteger interesses particulares ou de grupo. Todos esses movimentos contam com pretextos de base e mais cedo do que tarde constroem ideologias que pretendem justificar sua atitude ante a sociedade. Ao mesmo tempo, em não poucos casos, recebem apoio externo como meio de colocar barreiras na penetração de doutrinas contrárias, de estender a própria ideologia ou de favorecer interesses comerciais ou industriais.

Não obstante, hoje, a situação mudou substancialmente. Desapareceram as tensões bipolares que amparavam a doutrina de segurança nacional, enquanto é pacífico em todo o continente o entendimento de que os

* Traduzido do espanhol por Eduardo Mei, doutorando em História, Unesp/Franca, e membro do Grupo de Estudos da Defesa e Segurança Internacional (Gedes).

sistemas democráticos são melhor garantia de estabilidade que a ingerência do poder militar nos assuntos do governo.

Todavia, o problema de fundo, ainda com novas formulações, não está superado, de modo que, em grande medida, o tratamento dos novos exércitos na América Latina é uma questão pendente. Sem querer reduzir à unidade situações diversas, pode-se dizer que são várias as razões dessa situação. Em primeiro lugar, há focos nada desprezíveis de instabilidade. Às clássicas disputas fronteiriças, que permanecem com alguma virulência em determinadas zonas, unem-se processos inacabados de transição política que produziram o legado de Forças Armadas com experiência e costume de governo e com uma ideologia estruturada. Em alguns lugares, a permanência ou a emergência de conflitos internos identificados com a guerrilha ou os levantes populares correm paralelos à intenção de envolver os exércitos em missões que têm pouquíssimo que ver com sua natureza. A luta contra o narcotráfico, que justifica a consideração de diversos territórios como "zona quente", em muitos países cai como encomenda às Forças Armadas, em geral por meio da constituição de unidades especiais. Com alguma frequência, os exércitos se veem comprometidos em assuntos complexos e obscuros ligados à produção nacional de armamento, sobre a qual seguem mantendo um controle mais ou menos direto, e ao comércio exterior.

Por outro lado, muitos países da América do Sul e Central sofrem neste momento certo grau de crise institucional. As causas são de diferente rubrica: econômicas, sociais e políticas. Aos problemas derivados da expansão das economias especulativas resultantes da mundialização une-se a incidência das políticas neoliberais sobre sistemas muito parcamente desenvolvidos. Instituições que vêm tradicionalmente vertebrando as sociedades, como os partidos políticos, entram em crise quando o Estado, por meio do qual exercem sua influência, começa a reduzir-se. A falta de representatividade dessas organizações, ou a falta de funcionamento democrático interno, caminha paralelamente aos problemas de financiamento, enquanto o fenômeno da corrupção agrava-se em alguns lugares à mercê das privatizações. As instituições representativas, como o Parlamento, mostram debilidade no exercício de suas funções e as grandes instituições que geram importantes serviços públicos, como o Poder Judiciário e a Administração, padecem de credibilidade e de confiança às vezes muito preocupante. É o que se conhece como crise de governabilidade.

A tudo isso se une a irrupção de novos atores. Movimentos sociais de caráter indigenista, mais ou menos estruturados, passam à ação política, de tal maneira que condiciona substancialmente, como não sucedia até agora, a formação de governos.

Nesse contexto, toma especial importância a presença social de organizações fortemente estruturadas como as Forças Armadas. Os exércitos são por natureza organizações cuja coesão baseia-se em elementos de disciplina, hierarquia e espírito de pertencimento a um corpo. Nem sempre se trata, por suposto, de entidades potentes no sentido clássico, antes soem estar submetidos a problemas de falta de orçamento, má dotação de meios ou ausência de doutrina profissional. Porém, sempre são organizações coesas, o que historicamente permitiu a instalação das teses da autonomia militar que ampararam a intervenção política das Forças Armadas.

A combinação entre uma realidade sociopolítica debilitada e a existência de uma organização estruturada e estável, às vezes a única organização social dotada dessas características, coloca os exércitos em posição de influir ou de condicionar determinadas soluções políticas, de modo tal que, superados os intervencionismos históricos, ainda aparecem possíveis situações complexas amparadas nos problemas de governabilidade.

E não apenas isso. Na atualidade detecta-se um problema de fundo no emprego da instituição militar para a solução de determinados problemas sociais que os poderes públicos não podem enfrentar com eficácia. Precisamente sobre a base do componente institucional dos exércitos, ante a ausência de outras instituições capacitadas que vertebrem o serviço público, há ocasiões em que as Forças Armadas são encarregadas do desempenho de missões que não são propriamente suas, para as quais não estão tecnicamente preparadas e para as quais não dispõem de meios adequados. Não há o que dizer quando se produzem situações de emergência nacional ante catástrofes naturais, tampouco quando certas funções públicas de caráter social assumem-se de maneira transitória e com a consciência de que não são missões próprias. Contudo, sempre se corre um duplo risco, a saber: por parte das missões transitórias há o perigo de converterem-se em permanentes se os poderes públicos não tomam consciência da necessidade de construir instituições civis que possam satisfazer os problemas sociais presentes e, em segundo lugar, há missões cuja assunção pelas Forças Armadas supõe um salto qualitativo para o sistema de convivência democrático; obviamente, refiro-me ao encargo da segurança pública. Desse modo, pode-se chegar, certamente por caminhos diversos, a uma espécie de militarização da vida social em parte diferente, no entanto em parte próxima, aos antigos intervencionismos.

2. Pois bem, para enfrentar a análise de um problema vigente, que se apresenta com características novas, porém que conta em sua base com ancoragens históricas, resulta imprescindível atender às vias de transformação, isto é, ao estudo da evolução do problema pelos marcos mais fundamentais que determinam o modo como a instituição militar adapta-se às novas sociedades em que se insere e às quais serve. Esta é a proposta que nos fazem os autores. E o objetivo que resolvem com rigor.

Propõem-nos um estudo das transições políticas do Cone Sul em seu componente militar. É um projeto atraente, pois já há transcurso temporal suficiente para que se possam isolar os elementos principais, identificar constantes, assinalar o núcleo do problema e despojá-lo de seus vínculos menos importantes ou definidos. Nesse sentido, deve-se enquadrar o estudo no contexto atual da região e sua projeção no futuro.

Entretanto, não se trata de um estudo sobre transições militares no sentido clássico. Além de seu conteúdo rigoroso, que o leitor pode comprovar desde as primeiras páginas, o que, segundo meu critério, confere especial valor à obra é o emprego de um método sugestivo, que permite comparar a evolução do problema em quatro países dotados de características singulares, porém nos quais adquiriu especial relevância a questão militar.

É justamente o emprego do método comparativo o que dota a obra de um acurado perfil. Trata-se de fazer estudos de caso: Argentina, Brasil, Chile e Uruguai. Todavia, trata-se também de enfrentar contextos e soluções arbitradas, de tal modo que o contraste permite refletir coincidências, discrepâncias, contradições e, talvez, tendências mais ou menos axiomáticas. Daí que os estudos paralelos dos casos de Chile e Uruguai (Gonzales Guyer) e de Argentina e Brasil (Saint-Pierre e Winand), com a referência de dois casos especialmente relevantes, como são a Argentina (Lopez) e o Chile (Gutierrez), conseguem alcançar relevante visão de conjunto por meio do cruzamento de empréstimos e fluxos de experiências paralelas. A conclusão é que os processos dotados de especialíssima personalidade, como são os quatro casos estudados, que podem ser agrupados segundo a conceituação clássica com recurso ao modelo de transição por colapso, como o caso argentino, ou ao de transição pactuada nos outros três casos (ainda que, quanto ao Brasil, um dos autores prefira denominar transição mediante aliança), oferecem elementos comuns que podem isolar-se desde ritmos diferentes.

Alguns autores avançaram algumas hipóteses, que foram mais ou menos contrastadas, sobre os processos de transição de um sistema autoritário a outro sistema democrático. Em minha opinião, há algumas questões que a experiência demonstra apresentarem-se persistentemente nesses processos e cuja solução é determinante para o bom resultado deles. Nesse sentido, creio que é muito significativa a insistência dos autores – de todos eles – em algumas chaves.

Em primeiro lugar, sobressai a ideia de que a *institucionalização* do controle sobre as Forças Armadas é imprescindível para a consolidação de soluções estáveis. Isso comporta inescusavelmente, por um lado, a elaboração de um corpo normativo que assinale, ao menos, a imbricação dos exércitos no poder executivo, de maneira que possa adquirir nitidez a distinção entre funções de direção e funções de execução. As primeiras são eminentemente políticas e cabem aos representantes do poder democrático sem interferências, enquanto as segundas cabem aos níveis técnicos, que pertencem à própria organização militar. O estabelecimento de linhas seguras que permitam distinguir em cada caso a tênue fronteira que separa muitas vezes umas das outras é imprescindível no sistema democrático. Porém não é o mesmo, nos modelos de distribuição de poder na democracia, o estabelecimento de instrumentos de controle político por meio da soberania popular. Se é necessário situar os exércitos no sistema de tomada de decisões, isto é, sob a autoridade do governo, também é imprescindível pôr em marcha os mecanismos de controle político por parte do poder legislativo. Isso implica a capacidade de fazer leis e de controlar politicamente as decisões adotadas, porém, sobretudo, exige uma base de transparência nos processos (por exemplo, na elaboração dos orçamentos de defesa) cujo alcance sói determinar o grau de pureza e estabilidade do sistema.

Em segundo lugar, a necessidade de desenhar um instrumento potente e eficaz para implementar as medidas de controle é uma linha que percorre transversalmente os trabalhos de todos os autores da obra. E é verdade que resulta imprescindível. Não há possibilidade de êxito duradouro dos processos de transição política, especialmente se levam atrelada a depuração das responsabilidades por violação dos direitos humanos, contudo, quando se trata de transições pactuadas, sem um Ministério da Defesa homologado e inserido na administração geral do Estado que seja capaz de levar adiante custosas iniciativas em matéria de controle, dimensionamento, ensino e outras. Os modelos podem ser diferentes e os ritmos também, pois em nenhum lugar está dito que um organismo com essas características possa implantar-se da noite para o dia, porém não há êxito possível sem a institucionalização de um instrumento eficaz.

A partir daqui, falta ainda caminho a percorrer. Os estudos demonstram que há um elemento que trabalha permanentemente no fundo das soluções possíveis, que não é outro que a implicação social dos cidadãos na defesa. Isso é mais simples quando se trata de pôr em marcha o processo, porque são os próprios cidadãos os que têm que arbitrar a exigência de reimplantar os direitos e as liberdades que correspondem à sua dignidade, porém não o é tanto quando diminui a tensão pela implantação da democracia. A normalidade tende a separar os cidadãos das preocupações com os assuntos militares que, além disso, os grupos políticos soem considerar eleitoralmente pouco rentáveis. Dessa sensibilização social dependerá em última instância, por exemplo, a possibilidade de formação de quadros preparados em matéria de segurança e defesa a serviço dos programas políticos, a serviço da administração militar e para o exercício do correspondente controle parlamentar.

E, finalmente, uma questão mais. O estabelecimento dos controles necessários sobre as Forças Armadas e a disposição dos instrumentos indispensáveis para ordenar a defesa abrem a possibilidade de definir objetivos claros para uma política pública tão importante como esta e, naturalmente, a possibilidade de ordenar as missões que se atribuam aos exércitos para o cumprimento de ditos objetivos. Os estudos de caso introduzidos na obra põem de manifesto como sob todas as hipóteses falta muito por fazer quanto à determinação das funções que as Forças Armadas devem desenvolver como próprias, dentro ou fora do território nacional, que acaba sendo o maior problema nesse âmbito.

3. A aplicação de um método exigente como este só pode ter resultado se determinadas circunstâncias produzem-se, umas de fundo, outras mais próximas. Quanto ao primeiro, os resultados têm coerência na medida em que as hipóteses dispõem dos mesmos apoios, isto é, se os pontos de partida são semelhantes. Nesse sentido, os estudos de caso demonstram que, sem prejuízo das experiências singulares, os fundamentos podem reduzir-se à unidade: a tensão entre o poder único do Estado e a ocupação ilegítima do poder por parte das Forças Armadas, de modo que o controle civil é uma meta a alcançar por meio de alguns procedimentos de normalização mais ou menos traumáticos.

Porém, em segundo lugar, uma aplicação rigorosa das regras exige a capacidade de pôr em comum os instrumentos metodológicos compartilhados. No caso dos autores é possível porque constituem um grupo de investigação estável acostumado a enfrentar com regras e procedimentos comuns o estudo das relações civil-militares de diversas perspectivas. Com efeito, todos eles fazem parte do Observatório do Cone Sul de Defesa e Forças Armadas e, com outros relevantes estudiosos, do projeto Administração da Defesa na América Latina (Adefal). Graças ao primeiro, todos os que nos aproximamos do estudo do fenômeno segurança e defesa em sentido amplo, beneficiamo-nos da informação em tempo real que o bem fazer dos responsáveis integra no programa. O segundo, dirigido pelo Instituto Universitario General Gutiérrez Mellado, de Madri, já constitui uma referência de confiança para o estudo de todas essas questões.

Antes disse que os autores pretendem contextualizar suas contribuições, comparam procedimentos e resultados, sistematizam as balizas na evolução dos diferentes processos. Fazem-no de maneira brilhante e rigorosa e o resultado conjunto que oferecem converte esta obra em uma contribuição imprescindível para quem deseja acercar-se dessas questões no âmbito geográfico do Cone Sul americano.

Porém, creio que há também um propósito geral, integrado em uma ideia de serviço à sociedade que se corresponde com o compromisso pessoal de todos eles. Parece-me que os estudos apresentam um alcance para os governos democráticos em sua intenção de transcender a análise do passado para pôr o acento sobre a situação final à qual os processos de transição política conduziram. Pretendem dispor elementos políticos, que não custaria trabalho construir eficazmente, para que as reformas culminadas em diferentes graus possam alcançar finalmente seu ápice. E pretendem também recordar os governantes e as respectivas sociedades da força que tais processos comportam na história recente dos povos.

Permito-me ultimar com esta reflexão as presentes linhas. Baseia-se no conhecimento e na amizade que professo pelos autores e por sua trajetória pessoal e profissional. Essa amizade é provavelmente o único título para que me tenham distinguido com a honra de encarregar-me do Prefácio de sua obra.

*Gustavo Suárez Pertierra*
Presidente do Real Instituto Elcano
Madri, primavera de 2007

# Argentina: um longo caminho rumo ao controle civil sobre os militares*

Ernesto Lopez

## PONTO DE PARTIDA

O processo de construção do controle civil sobre as instituições militares na Argentina é o objeto central destas páginas, ou então o processo que culminou na subordinação das instituições militares aos poderes cívicos, no contexto de uma construção paralela (ou reconstrução, se se prefere) da ordem republicana,[1] com a saída dos militares do poder, ao fim de 1983.[2]

Tal controle civil é indispensável para que se administre e se desenvolva um sistema de defesa de acordo com o que se presume a respeito da ordem republicana de qualquer país.

* Traduzido do espanhol por Leonardo Ulian Dall Evedove, mestrando do Curso de Relações Internacionais do Programa Interinstitucional (Unesp/Unicamp/PUC-SP) San Tiago Dantas, membro do Grupo de Estudos da Defesa e Segurança Internacional (Gedes) e redator do Observatório de Política Externa Brasileira (Opeb).

[1] Uso o termo do modo que os pais do constitucionalismo estadunidense expuseram em *O federalista*, o conceito de república como sinônimo do de democracia representativa.

[2] Os militares tomaram o poder na Argentina por meio de um golpe de Estado pela última vez em 1976 para se retirarem ao fim de 1983. É sabido que a Argentina padeceu de um longo ciclo golpista cujo começo foi datado não por poucos analistas em 1930, com a derrocada do então presidente Hipólito Yrigoyen. Isso seria correto se considerássemos exclusivamente os golpes militares que foram exitosos. De fato, registram-se golpes militares triunfantes em 1943, 1955, 1966 e 1976, além do de 1930. No entanto, o recurso ao golpe de Estado é muito mais antigo na história política argentina, sendo encontrado em 1880, associado a uma frustrada, porém frutífera revolução – aquela chamada por nossa historiografia de Revolução de 90 – que fracassou, mas que de todo modo deu origem à renovação do sistema político. Dez anos antes, em 1880, um governador da província de Buenos Aires procurou interromper, sem êxito, também por um golpe de Estado, uma renovação presidencial com a qual não concordava. Em 1874, o mesmíssimo general Bartolomé Mitre – tido hoje como um prócer pelos setores mais recalcitrantemente liberais da Argentina – encabeçou outro intento golpista malsucedido similar ao anterior.

Em experiências históricas como a argentina e outras do contexto latino-americano, a construção de tal controle vincula-se à superação da autonomia militar. Como é sabido, logo depois da entrega do poder por parte dos militares e do ressurgimento dos governos civis, os primeiros procuram conservar "prerrogativas", como denominou Alfred Stepan, ou margens de autonomia, com o objetivo de não se submeterem ao controle civil, como tem sido e continua sendo nosso caso e de outros. A autonomia castrense atua assim como antídoto da subordinação das instituições militares aos poderes civis.

A construção e a administração de um sistema de defesa encontram-se, dessa forma, fechadas em um paralelogramo de forças. De um lado, os fardados buscam manter sua capacidade de influência e/ou controle sobre os temas da defesa, ademais do processo de desenvolvimento da restauração democrática. De outro, as autoridades civis buscam, ou deviam buscar, afirmar sua responsabilidade de condução e mando: ao fim e ao cabo, eles são escolhidos para governar em um sistema democrático sobre *todas* as ordens da vida nacional, e não somente sobre algumas. Todavia, o compromisso dos governantes civis com a responsabilidade de comando das instituições militares não é sempre sólido. Por erros de concepção, por conveniência ou por cálculo político podem-se apresentar obstáculos no exercício desse comando, o que não favorece o campo civil em sua luta contra a autonomia militar.

A rigor, não conheço nenhum caso latino-americano recente de transição da ditadura ao reestabelecimento democrático – entre eles, o caso argentino – em que o dilema "controle civil *versus* autonomia castrense" não tenha ocorrido de um modo ou de outro.

A noção mencionada antes remete ao universo conceitual elaborado por Samuel Huntington em seu conhecidíssimo *O soldado e o Estado*. Na obra, o quadro exposto antes está estreitamente ligado ao das relações civil-militares, assim como à significativa questão analítica que se propõe conseguir a subordinação militar aos poderes públicos no contexto de sistemas políticos que proclamam e buscam a primazia de governos civis. Examinei analiticamente conceitos e problemas aludidos precedentemente em vários trabalhos, e os remeto àqueles que se interessarem pelas questões conceituais do que se segue (Saint-Pierre & Mathias, 2001; Pion-Berlin, 2001).

A Argentina, de todos os países que emergiram da longa noite das ditaduras latino-americanas, é o país que chegou mais adiante em matéria de redefinição das relações civil-militares e de controle civil. Julgou e continua julgando os genocidas da última ditadura ela mesma, varreu prontamente a Doutrina de Segurança Nacional (DSN) do interior do universo das instituições militares[3] e elaborou um sólido marco jurídico para sustentar

[3] Tanto incrustações ideológicas quanto fragmentos de tom moral persistem nas instituições militares, no entanto, são fundadas no universo de valores que se desprendem da DSN.

a primazia dos poderes públicos e alcançar a subordinação militar. Além disso, desenvolveu capacidades civis para conduzir a defesa e a política militar, e assim um ministério da defesa no qual os oficiais da ativa não têm nenhuma função, sendo um funcionariado civil quem o dirige. A Argentina, então, caracterizou-se como uma referência quanto à questão do controle civil e da superação da autonomia castrense por elaborar diversos procedimentos cívicos (parlamentares, judiciais etc.) que são rotina, pela justiça nas questões relativas aos militares, administração do orçamento de defesa e das promoções e substituições do pessoal militar de patentes superiores, entre outros temas de importância.

Esse processo levou 23 anos em seu desenvolvimento e passou por diversas etapas. No que se segue, foram examinados os quatro governos desde o retorno da democracia em 1983: o de Raúl Alfonsín (1983-1989), o de Carlos Menem (1989-1999), o de Fernando de la Rúa (1999-2001) e o atual, de Nérstor Kirchner. Por uma dessas conjurações do azar, em cada um deles se deu um passo singularmente importante na marcha rumo ao controle civil, no plano legislativo. Com efeito, as leis de Defesa, Segurança Interior e Inteligência Nacional foram sancionadas em 1988, 1992 e 2001. O governo atual, por sua vez, editou o decreto regulamentador da Lei de Defesa corrigindo desse modo um atraso da direção política. Optou-se por prestar especial atenção a esse tripé jurídico e às condições sob as quais cada um desses instrumentos geraram-se, pois expõem de maneira sintética alguns traços principais do caminho para o controle civil.

Antes de examinar cada um dos quatros momentos selecionados, procede-se a uma modesta análise de quatro condições fundamentais que pautaram e/ou incidiram sobre esse processo.

O caminho tem sido árduo, pois o avanço ocorreu às vezes aos trancos, e os riscos foram altos em alguns momentos, mas é possível dizer que o saldo final é muito positivo na Argentina, aos 23 anos de retorno à democracia.

## ELEMENTOS CONTEXTUAIS

O processo de construção do controle civil teve quatro condicionantes fundamentais na Argentina:

- as sequelas deixadas pelo terrorismo de Estado;
- a revalorização da democracia, evidenciada pelo desalojamento dos militares em 1983;
- a transição pelo colapso;
- o desenvolvimento da globalização.

Examinar-se-ão os quatro assuntos seguindo a ordem apontada, respectivamente.

## Sequelas do terrorismo de Estado

A Argentina foi devastada pela ditadura instalada logo após o golpe de 1976, que se autodenominou o Processo de Reorganização Nacional. No prólogo de *Nunca mais*, Ernesto Sábato definiu essa ditadura como "a maior tragédia de nossa história, e a mais selvagem".

Naqueles anos, com o apoio do aparato estatal, praticou-se uma política sistemática de terror que se abateu de maneira praticamente indiscriminada sobre a sociedade. O recurso principal desse terror foi o desaparecimento de pessoas, mas ainda assim praticou-se tortura, rapto de crianças, estupro de prisioneiras, detenções ilegais, roubos dos bens dos desaparecidos ou detidos, extorsão, e outros abusos e atrocidades desprezíveis.

Esses comportamentos baseados em ilimitada selvageria foram caracterizados pelo conceito de "terrorismo de Estado" em diversos trabalhos e análises que se aplicaram a seu estudo (Acuña, 1995; Izaguirre, 1998; Callelo, 1987; Conadep, 1984; Duhalde, 1999; Leis, 1989; Mignone, 1991).

Essa experiência deixou sequelas e consequências que tiveram peso significativo no momento da redefinição das relações civil-militares, do desenvolvimento da política de defesa e da reconstrução da ordem republicana. A meu juízo, as duas mais importantes foram:

- a luta pelo estabelecimento da verdade e do indiciamento dos responsáveis pelas atrocidades cometidas, que tem prosseguido até o presente no decurso da democracia reencontrada;
- a revisão da DSN no interior das instituições militares, o regresso à primaziada Doutrina de Defesa Nacional (DDN), e do debate sobre a conveniência de se separarem ou não as funções da defesa das de segurança interior.

A exigência de verdade e justiça, impulsionada pelos exemplos de consistência ética e de perseverança que são as Avós e Mães da Praça de Maio e os organismos de direitos humanos que as acompanharam, foi apoiada e recebeu sustentação de amplos setores da sociedade argentina. Incansáveis, não recuaram em seu empenho até nos momentos mais agourentos. Os militares, de outro lado, com base em seus próprios recursos de poder, com o apoio que receberam de diversos segmentos corporativos (grupos de advogados, setores da Igreja e de grupos de empresários dos mais notáveis) e nos tropeções da classe política (as leis do Ponto Final e da Obediência Devida, de Alfonsín, e os indultos de Menem, como exemplos), procuraram impunidade e resistiram aos embates.

Assim ficou estabelecido um campo de batalha cujos avatares acompanharam o percurso democrático desde 1983. Estiveram na base dos primeiros levantamentos "caras-pintadas",[4] condicionaram a construção institucional republicana e incidiram sobre a recuperação da ética para a democracia. Os "combates" no campo judicial, de onde surgiu a luta contra a impunidade, as prerrogativas e a pretensão de autonomia das instituições militares, que a rigor continua se desenrolando hoje, foram de grande importância, como foi apontado inicialmente.

A DSN, por sua vez, como se sabe, tinha como propósito geral a defesa do "Mundo Livre", e sua interpretação simplista da bipolaridade, obtusa leitura da luta ideológica e da defesa das "fronteiras interiores", conduziu a uma fusão das missões de segurança e defesa. Isso projetou os afazeres militares para a vigilância (e castigo) de seus nacionais e enquadrou conceitualmente – no caso argentino – a travessia repressiva dos homens em armas do Estado para o abominável *summum* do terrorismo de Estado (Lopez, 1987). A simples pergunta que o retorno para a democracia pôs, sobre o que se fazer com os militares, originou e deu impulso ao debate sobre a DSN – que, a rigor, foi mais uma forte controvérsia. Nesse momento, houve longa discussão sobre a conveniência de se regressar à DDN e de se separarem as funções de defesa e de segurança interior, cujas referências imediatas foram as atrocidades e os abusos cometidos durante o terrorismo de Estado e o fracasso da Guerra das Malvinas. É possível dizer que praticamente toda estrutura jurídica e institucional desenvolvida na Argentina a respeito das relações civil-militares e política de defesa está permeada por essa discussão, de 1983 a nossos dias.

## Revalorização da democracia

Por caminhos ainda não suficientemente estudados, a sociedade argentina revisou nos anos do *Processo* sua história política antecedente, sua própria experiência em matéria de relação com a democracia e o valor que

[4] Estes levantes foram: o da Semana Santa (1987), o de Monte Caseos (janeiro de 1988), o de Villa Martelli (dezembro de 1988) e o do 3 de setembro de 1990. Não se tratou de golpes de Estado clássicos, pois nenhum deles teve por propósito a derrubada do governo constitucional. Pode-se dizer, entretanto, que os levantes tentaram impor decisões ao poder político, coisa que em parte conseguiram nos três primeiros. Também se pode assinalar que um componente importante da motivação deles tenha sido um conflito interno ao Exército, que vinha ocorrendo discretamente desde o fim da Guerra das Malvinas. Os "caras-pintadas", suboficiais e oficiais com patente até coronel, definiam-se como profissionais preparados para a ação (por isso encobriam os rostos). *Malvineros* em sua maioria, insurgiram-se com seus superiores a quem desqualificavam como "generais de escritório" e a quem acusavam de falta de responsabilidade na defesa dos jovens oficiais na iminência de serem processados por delitos cometidos durante o terrorismo de Estado. Aqueles que se interessarem por mais pontos de vista sobre o fenômeno "caras-pintadas" podem consultar meu *El último levantamiento* (1988), e o artigo em coautoria com Pion-Berlin, D., A house divided: crisis, cleavage and conflict in the Argentine army (in Epstein, 1992).

atribuía a ela. Não se sabe bem como isso ocorreu, mas é evidente que em 1983 a cidadania argentina havia constituído um sólido consenso em torno do valor democrático.[5]

Esse consenso foi o que sustentou a institucionalidade democrática nos momentos mais dramáticos da travessia iniciada no ano mencionado antes: os quatro levantamentos "caras-pintadas" e a profunda crise do fim de 2001, que arrastou para o abismo o governo de Fernando de la Rúa. Em situações similares em épocas anteriores, a possibilidade do golpe de Estado teria sido apresentada. Nos momentos mencionados, ao contrário, o recurso ao golpe não se apresentou, simplesmente porque ele não se encontrava disponível para tanto, pois carecia de adeptos na sociedade. Deve-se assinalar, ainda assim, que o contexto internacional não contribuiu em nada para a possibilidade de intentonas golpistas.

## A transição pelo colapso

A maioria dos processos de transição latino-americanos de regimes ditatoriais para a democracia baseou-se em um pacto entre os militares e os dirigentes políticos civis. Tácito ou explícito, tal pacto marcou as regras do jogo do caminho a ser seguido. Assim ocorreu, por exemplo, no Brasil, no Chile e no Uruguai, países que servem de padrão de medida da experiência argentina por diversas razões.

Na Argentina, a transição teve também um início negociado. O ex-general Jorge Videla, no fim de seu governo,[6] estabeleceu prévias conversações com o meio civil, convocando um "diálogo político". Pouco mais tarde, já no período do também ex-general Roberto Viola, formou-se uma associação de partidos dispostos a conversar sobre as possibilidades e os caminhos para uma transição que se denominou multipartidária.

O desenvolvimento dos acordos iniciais e sua conversão em um pacto que estabelecia pautas, cronogramas e características do processo que deveria conduzir à reinstalação do regime democrático não chegaram a se concretizar. As dissensões internas do lado militar – evidenciadas pela substituição precoce de Viola pelo general Galtieri[7] – anteciparam as dificuldades. O que

[5] As atrocidades sofridas durante o *Processo* e a experiência da Guerra das Malvinas provavelmente subsidiaram elementos fundamentais a essa revalorização.

[6] Os chefes militares do *Processo* evitaram entronizar um déspota, como havia acontecido com o general Onganía em 1966. Em seu lugar, estabeleceram-se acordos para que ocorresse de fato a sucessão periódica dos presidentes, como aconteceu com Videla.

[7] Esse general, com sentença judicial condenatória em primeira e segunda instâncias, foi beneficiado pelos indultos estabelecidos por Carlos Menem. Com base na argumentação de que sua sentença não era coisa julgada, uma vez que ainda estava pendente o recurso ante a Corte Suprema, ele pôde conservar sua patente militar, ao contrário do ocorrido com os outros.

sepultou a pretensão pactual e controlada pelos militares de transição foi a derrota das Malvinas, circunstância esta que marcou a passagem de um *contexto de pacto* a outro de *colapso* (O'Donnel, Schmitter & Whitehead, 1988, p.22 ss.).[8] Os militares perderam boa parte do apoio com que contavam da sociedade e ganharam reprovação pouco menos que generalizada, e suas bases de sustentação, tanto internas quanto externas, sofreram danos severos. No entanto, a direção política daquele momento não foi capaz de aproveitar plenamente as alternativas que se abriram. O mais importante talvez foi que descartou a possibilidade de instalar um governo civil de coalizão que substituísse o de Galtieri e conduzisse o retorno à democracia.

Sendo assim, a transição argentina tornou-se peculiar. *Não houve finalmente um pacto, mas tampouco houve uma completa derrota política dos militares e plena ocupação dos espaços e recursos de poder por parte dos civis*, que os alocaram sob controle e predomínio sólidos dos militares. Como consequência disso, os fardados, mesmo em meio a uma debilidade política muito evidente, conduziram o processo de reinstitucionalização democrática até o fim. Houve, por consequência, uma transição por colapso com as particularidades que se acaba de apontar (Lopez, 1994).[9]

Não seria o caso de desenvolver aqui a história política desse complexo período; basta assinalar que, das alternativas de transição, a ocorrida por colapso é a que "com maior probabilidade conduz a um tipo mais completo e menos restrito da democracia", como conceitualizou Guillermo O'Donell. Em seu modo de ver, a ausência de pactos abria a possibilidade de avançar mais rápido e com menos restrições para a democracia política (ibidem, p.23). Entretanto, na ausência de acordos em que se estabelecem compromissos, as transições por colapso apresentavam-se como as mais suscetíveis em termos de estabilização e as que corriam mais riscos de reversão.

Esta última previsão de O'Donnell cumpriu-se quase ao pé da letra. Na Semana Santa de 1987, a eclosão do fenômeno "caras-pintadas" pôs às claras as turbulências que vinham se constituindo e abriu o ciclo de quatro levantes militares que se sucederam até o fim de 1990. A primeira previsão, a da possibilidade de se avançar sem restrições para a democracia política, não se cumpriu plenamente em virtude do poder remanescente que conservaram os militares durante o governo de Alfonsín, e também das limitações da classe política que não desapareceram, como deveria ter ocorrido, no período imediatamente precedente.

A rigor, como será visto adiante, a demora que marcou a redefinição das relações civil-militares e o avanço do controle civil deveram-se em grande medida a essas limitações.

---

[8] Esta elaboração teórica, de "transição", "consolidação", "transição negociada" e "transição por colapso" é de Guillermo O'Donell.

[9] Trabalhei com maior amplitude essa conjuntura em *Ni la ceniza ni la gloria*. Actores, sistema político y cuestión militar en los años de Alfonsín (1994, p.46ss).

## O desenvolvimento da globalização

A meu ver, a decolagem definitiva da globalização vem associada à queda do Muro de Berlim, à posterior implosão e extinção da União Soviética e ao fim da Guerra Fria. Livre dos grilhões e dos constrangimentos que o "equilíbrio do terror" – o equilíbrio nuclear entre Leste e Oeste que estabelecia a mútua destruição assegurada – a impunha, a economia capitalista consolidou-se em um salto à escala mundial, acompanhada de profundas mudanças no campo da cultura, das comunicações e do desenvolvimento tecnológico, entre outros níveis (Lopez, 2002; 1998).[10]

Acabou-se a bipolaridade, afirmou-se uma superpotência solitária – com o globo caracterizado por maior interdependência, algo muito custoso a seu comportamento unilateral impositivo em termos de legitimidade – e estabeleceu-se um ambiente de nações e de associações regionais. Enfim, ocorreu uma série de mudanças significativas na natureza dos problemas da segurança internacional, atualizaram-se as percepções de ameaça e doutrinas de defesa, fomentaram-se a formação de blocos e a tendência a convergir na gestão da segurança regional ou sub-regional etc.

Como já mencionado, os quatro condicionantes que acabam de ser analisados apenas nos serviram como contexto da reinstalação democrática e do processo de construção do controle civil, provocando, consequentemente, influxos, desafios e exigências sobre a construção em curso.

# A REDEFINIÇÃO DAS RELAÇÕES CIVIL-MILITARES: ETAPAS

## O governo de Alfonsín

Tratou-se de um período no qual três arenas independentes desenvolveram--se na redefinição das relações civil-militares e no avanço do controle civil:

a) os julgamentos dos militares por delitos cometidos durante o terrorismo de Estado;
b) a chamada reforma militar, projeto defendido por diferentes atores políticos da época, incluso o oficialato. Envolvia dois assuntos maiores que se inter-relacionam e que por fins analíticos convém dividir em:
   - a reforma orgânica e funcional das Forças Armadas, em vista do rotundo fracasso na Guerra das Malvinas;

[10] Parecem-me especialmente recomendáveis os trabalhos de Ianni (1992, 1995, 1996).

- a reforma doutrinária destinada a erradicar a DSN do interior das Forças Armadas, vista como o substrato fundamental do terrorismo de Estado, considerada também a fonte primária do abandono do interesse pela formação profissional em matéria de guerra convencional, comprovadamente expresso pelo fracasso na Guerra das Malvinas, levando à retomada da DDN;

c) a Lei de Defesa.

A inexistência de acordos previamente amarrados, a capacidade de resistência dos militares e as limitações da classe política combinaram-se para traçar um ciclo marcado por avanços e retrocessos, marchas e contramarchas, êxitos e fracassos.

## *Julgamentos*

Em matéria de julgamentos dos militares, o processo foi pleno. Modificou-se o Código de Justiça Militar para que fosse a justiça civil que atuasse em segunda e terceira instâncias, deixando apenas a primeira nas mãos dos tribunais militares, e as três primeiras juntas militares foram submetidas a processo.

A iniciativa, que incluía a decisão de sentar no banco dos réus personagens outrora todo-poderosos, que decidiram sobre a vida e a morte de milhares de argentinos, provocou comoção e proporcionou alento à sociedade como um todo. No entanto, logo se viu que as coisas seriam complicadas. O tribunal militar de primeira instância decidiu dar as costas ao assunto. Finalmente se abandonou a causa, que passou diretamente ao tribunal civil de segunda instância, e foi emitida uma sentença condenatória, no início de dezembro de 1985, ratificada pela Corte Suprema no fim do mesmo mês. O processo foi longo e expôs penúrias e aberrações até então não conhecidas pela massa, motivando amplo debate por parte da opinião pública.

Os arranjos feitos pelo governo naquilo que foi descrito antes mostraram que sua posição era inconsistente ao indeferir atenuantes apenas àqueles que cometeram crimes e não estavam na primeira linha decisória (Lopez, 1994, p.92). Buscou-se de todas as maneiras uma saída que evitasse a ampliação dos julgamentos. Logo após tentar algumas manobras que se mostraram improdutivas, optou-se pela sanção da Lei do Ponto Final, mediante a qual se procurou limitar a um prazo exíguo as apresentações judiciais contra os militares. A justiça agiu com diligência e precipitou o fracasso da tentativa. Logo veio o primeiro movimento "caras-pintadas", sucedido pela concessão final: a Lei da Obediência Devida, docilmente conciliadora, outorgada em junho de 1987.

Dessa forma, a luta pelo controle civil – que nesse caso convém observar sob a ótica de ataque à autonomia e à conservação de prerrogativas – viveu um primeiro capítulo do qual o setor civil saiu bem posicionado. Aquilo que se iniciou como uma grande promessa, gerando muitas expectativas em vastos setores da sociedade, acabou claudicante. Daí decorre a peculiaridade do paradoxo argentino: nenhum outro país da região conseguiu avançar tanto – quando se levam em conta os números – quanto a Argentina em termos de julgamento dos militares no início do processo de redemocratização. No entanto, hoje permanece a sensação de frustração e de fracasso na maioria dos cidadãos quando se evoca aquele período.

## *Reforma militar*

A reforma militar teve também um decurso tumultuado. No plano orgânico avançou-se sobre pontos importantes, como na eliminação dos cargos de comandante em chefe no organograma das forças, no intento de fortalecer o Estado Maior Conjunto (EMC), definido como órgão de trabalho do Ministério da Defesa e a recuperação e o empossamento do funcionariado civil dele. Não se avançou, contudo, sobre uma reestruturação maior que afetasse o restante do dispositivo orgânico das Forças Armadas. Houve plenos preparados pelo EMC, mas a direção política relutou e vacilou (ibidem, p.73 ss.). Com o recente fracasso nas Malvinas, que abrira naturalmente as portas para a renovação, não obstante perdeu-se a oportunidade de fazê-lo.

No que concerne à DSN, houve intenso debate que abarcou políticos, militares, a mídia, o mundo acadêmico e os organismos de direitos humanos, entre outros, e a posição dos militares era praticamente irredutível em sua defesa. Com os comandantes argumentando em sua defesa que haviam aniquilado a "subversão apátrida" e tendo vigente ainda o mundo bipolar, a DSN constituiu-se como uma atmosfera ideológica em que lhes era permitido respirar e ensaiar alguma autojustificação.

Não obstante, alguns avanços foram conseguidos, e algumas posições foram vencidas em virtude de sua erradicação do seio das Forças Armadas. A mais importante foi sem dúvida a minuciosa distinção entre as funções de defesa e de segurança interna, o que circunscreveu a defesa à preparação para ação e resposta diante de agressões de origem externa, e restringiu a atuação dos militares a esse campo.

A separação dos militares das missões de segurança implicou um julgamento negativo daquilo preconizado pela DSN. A circunscrição dos fardados à defesa nacional presumiu tanto uma revalorização dessa função quanto uma crítica tácita à desmotivação profissional que a DSN introduziu nas Forças Armadas argentinas quanto à modalidade convencional de guerra.

## *Lei de Defesa*

Naquilo que especificamente diz respeito à Lei de Defesa cabe informar – à parte das considerações anteriores sobre os aspectos mais vinculados à luta ideológica que acontecia naquele momento – que, por um lado, esta estabeleceu com clareza os mecanismos que deveriam pautar as relações entre o poder constituído e as instituições castrenses naquilo que concernia à subordinação dos últimos pelos primeiros. Outrossim, sucede que ela delimitou, circunscreveu, desdobrou ordenadamente derivações e consequências dos pilares que a sustentam (subordinação militar, diferenciação entre a defesa e a segurança interna, ligação estrita da defesa ao enfrentamento de agressões de origem externa e circunscrição das atividades militares à defesa) e previa a sanção de disposições legais ulteriores.

A sanção da lei, no entanto, mostrou-se difícil. Instrumento indispensável para a sustentação do controle civil, amparar a reforma militar e formalizar o reenquadramento doutrinário, ela tardou muito em ser aprovada. Em abril de 1985, a situação apresentou um projeto de lei à Câmara dos Deputados. Ainda que parte da oposição não a tivesse apoiado (o peronismo, entre outros partidos), a lei foi aprovada no mesmo ano e, ao passar para o Senado, foi amplamente discutida. Os senadores peronistas, divididos entre si, acabaram apresentando três projetos alternativos, que se somaram ao original. Conseguiram finalmente compatibilizá-los todos em um quinto projeto, aprovado em outubro de 1986 e que retornou à Câmara, casa que iniciou o processo, onde acabou em uma gaveta, dormindo o sono dos justos. No fim de 1987, *depois do primeiro levante "caras-pintadas"*, a Câmara dos Deputados elaborou um novo projeto baseado em um acordo entre radicais e peronistas. Dessa vez, é claro, como se diz vulgarmente, a batata assou. O projeto foi aprovado em 30 de dezembro de 1987, passou ao Senado, que também lhe deu sua aprovação em 14 de abril da 1988. Ou seja, chegou posteriormente ao sancionamento da Lei da Obediência Devida, aprovada em 5 de julho de 1987, e também ao segundo levante "caras-pintadas" (janeiro de 1988).

Tudo isso evidencia as turbulências do período, a vontade dos militares em resistir e a demora da classe política. Em poucas palavras, revela as dificuldades de um processo tributário a uma transição por colapso sem a completa derrota política dos militares, tampouco com a plena ocupação dos espaços e recursos de poder por parte dos civis, que por sua vez ficaram abertos a idas e vindas. Por não dispor de acordos prévios entre os setores em disputa, deram lugar a momentos de instabilidade premente.

## O *menemato* e a Lei de Segurança Interna

Carlos Menem reprimiu sem complacência o último levante dos "caras-pintas" (3 de dezembro de 1990), o único sucedido durante dez anos de mandato.

Afetados pelo desgaste que os três intentos anteriores lhes haviam imposto e divididos (Lopez & Pion-Berlin, 1992, p.22 ss.; Sain, 1994, p.153 ss.),[11] perderam seu protagonismo com o quarto episódio.

Menem beneficiou-se da prévia limpeza que os "generais de escritório" propiciaram durante o período de Alfonsín quanto ao manejo do poder administrativo dentro da força, que conduziu às baixas de um número importante de "caras-pintadas". Ademais foi também inteligente na condução da política militar. Designou à frente do Exército, sucessivamente, dois respeitados generais veteranos das Malvinas que não aderiram aos "caras-pintadas", subtraindo a esses últimos uma de suas maiores bandeiras. Nessas condições, pôde reprimir com dureza o último levante militar e assentar as bases para a estabilização dessa fonte de turbulências.

Por outro lado, para enfrentar os problemas advindos da herança e dos julgamentos dos militares, Menem apelou para o recurso do indulto, concretizado em outubro de 1989. A medida, desamparada pelo direito, injusta, grosseira – pois conferiu indulto a militares que estavam sob processo e sem sentença, fossem elas definitivas ou não – e condenável do ponto de vista ético, serviu como um bálsamo para as instituições militares.

Menem arquivou toda a pretensão de uma reforma militar, mas proporcionou uma revolução copernicana no posicionamento internacional da Argentina quanto a missões militares internacionais. Ele decidiu participar da coalizão que acompanhou os Estados Unidos na primeira guerra do Golfo e enviou duas fragatas que se integraram às operações. Fortemente criticado interna e regionalmente, Menem soube antever o mundo que vinha.[12] Antecipou-se ele ao tempo e conseguiu o *status* de aliado extra da Otan para a Argentina.

Todas essas opções contribuíram para o apaziguamento das relações civil-militares e afirmaram a pauta de subordinação das instituições castrenses aos poderes públicos.[13]

O avanço definitivo da globalização acompanhou as circunstâncias anteriores, como já se apontou, e introduziu novas condições que jogaram a favor do *menemismo*. Em particular, a queda do Muro de Berlim, o desaparecimento da União Soviética e o fim da Guerra Fria desativaram a DSN.

---

[11] O movimento havia se partido entre seguidores do tenente-coronel Aldo Rico e os do coronel Mohamed Alí Deineldín.

[12] Em diversos seminários internacionais dos quais participei naqueles anos, fui testemunha da ácida crítica proporcionada por acadêmicos do Brasil, do Chile e da própria Argentina, que hoje não sustenta mais aquelas posições. Os governos do Chile e do Brasil mudaram a posição que defendiam naqueles anos iniciais.

[13] Essa afirmação não implica juízo de valor sobre a qualidade política dessas iniciativas que, como bem se sabe, estiveram ligadas a outras de natureza econômica e social que acabaram sendo nefastas para a Argentina, e tampouco desconhecimento dos graves problemas que provocaram com a posteridade.

O alinhamento com o Ocidente e o cuidado com as "fronteiras internas" deixou de ter sentido, pois seu objeto havia desvanecido, o que deu novo impulso ao dispositivo previsto pela Lei de Defesa.

Assim tramitou a Lei de Segurança Interna pelo parlamento, passando a regular essa atividade, e foram também estabelecidos os mecanismos internos para sua implementação, com as responsabilidades principais das instituições gestoras da segurança (as polícias e as guardas nacional e costeira) claramente estabelecidas. Foi outorgado então papel secundário às Forças Armadas, de apoio, e apenas em casos excepcionais e mediante intervenção do Parlamento que lhe foi aberta a possibilidade de intervir na segurança pública. A sanção dessa lei data do ano de 1992.

Apesar de sua pesada herança, é inegável que no fim dos anos 1990 houve um ponto de inflexão em termos das relações civil-militares. O assunto dos julgamentos dos militares e o tratamento geral da trágica herança do passado ficaram involucrados. Se Alfonsín tentou promover uma neutralização do passado, Menem procurou superá-la de maneira simplista por vias espúrias e mórbidas. Tais medidas obtiveram resultados de curto prazo porque o invólucro mencionado mostrou-se frágil. Hoje os indultos foram revistos, e gerou-se jurisprudência quanto ao fato de que os crimes contra a humanidade são imprescritíveis, sem que se possa indultá-los. Também as leis do Ponto Final e da Obediência Devida foram declaradas inconsistentes e nulas e, com isso, foi reaberto um caminho idôneo para o estabelecimento da verdade e da justiça. No entanto, o reprovável arranjo *menemista* produziu efeitos em sua oportunidade e colaborou com a dissipação da situação de conflito que pôs em xeque a estabilidade democrática. É possível dizer ainda que a recuperação da iniciativa governamental sobre as relações civil-militares e o avanço no ordenamento da gestão da segurança interior acabaram favorecendo o incremento do controle civil sobre as Forças Armadas.

## Fernando de la Rúa e a Lei de Inteligência Nacional

No ano de 2001, poucos meses antes da queda de Fernando de la Rúa, foi aprovada a Lei de Inteligência Nacional.

Este era um terreno escassamente regulado e, portanto, aberto à possibilidade de todo tipo de abuso e caracterizava-se, no entanto, como uma matéria sobre a qual era imprescindível uma normatização com vistas a eliminar os cuidados com a "fronteira interior" ou "ideológica", e afirmar o controle civil.[14]

[14] Concordo com a ideia de que as leis não mudam *per se* as práticas sociais. No entanto, penso eu, como muitos, que elas podem favorecer a modificação do estado de coisas consolidadas e ajudam que novas condutas e rotinas se incorporem à gestão de instituições e da vida social em geral.

O *menemismo* evitou comprometer-se com o tema. O manejo discricional dos fundos reservados à Secretaria de Informações do Estado (Side) mostrava-se um bom lubrificante para sua engrenagem e para ganhar as vontades contrárias quando era mister fazê-lo. Ademais, a provisão de informações, pastas e dossiês sobre instituições e pessoas facilitava negociações e consentimentos em algumas ocasiões. Com a chegada da chamada "Aliança" ao poder, em 1999, o panorama mudou. A licenciosidade e o abuso *menemistas* predispuseram uma boa parte da classe política a trabalhar no intento de pôr um freio naquilo que então ocorria, e assim se elaborou um projeto de lei que teve apoio multipartidário para regular as atividades do setor de maneira eficiente e idônea.

Todavia, alguns fatores complicaram as coisas. Havia muito tempo se fazia pressão sobre diversos atores e instituições do sistema político nacional, além das Forças Armadas, para que as instituições militares se envolvessem na luta contra o narcotráfico. Trabalhavam sobre esse ponto várias agências governamentais dos Estados Unidos – em particular a partir do Comando Sul.

Como já se apontou, o dispositivo articulado pelas leis de defesa e de segurança interna impediu, no caso argentino, que os militares assumissem tarefas vinculadas a elas e os limitou a atender aos problemas relacionados apenas à primeira. Portanto, parece ser absolutamente bizarro pretender que o narcotráfico seja uma questão concernente à defesa nacional. Esse discurso, contudo, ganhou algumas vontades.

Mais tarde, com o 11 de setembro, vieram novos argumentos. O terrorismo internacional – que alguns dirigentes argentinos vieram a descobrir em Manhattan, e não nos atentados à embaixada de Israel em Buenos Aires, ou à associação judia Amia – e imediatamente depois as "Novas Ameaças" foram invocados como novos motivos para reintroduzir os militares na gestão da segurança interna.

Paradoxalmente, o próprio presidente da época, que havia sido quem remeteu o projeto de lei ao Congresso – neste o projeto de lei aludido era chamado "Projeto de la Rúa" –, e seu ministro da Defesa, Horacio Jaunarena, provavelmente influenciados anteriormente pelo discurso norte-americano, mudaram de parecer. Surpreendentemente ambos começaram então a trabalhar contra seu próprio projeto, no que tiveram o desplante de envolver vários chefes militares (notadamente os generais que desempenhavam as funções de chefe do Estado Maior Conjunto e de chefe do Estado Maior do Exército).

Contudo, o esforço foi em vão. O projeto original ocasionou um sólido consenso que se manteve firme, e o Congresso acabou aprovando-o, apesar de já não contar mais com os apoios do presidente e do ministro da Defesa.

# A FIRMEZA DE NÉSTOR KIRCHNER (E FIM)

*Tal vez bajo la noche,*
*la gente saca su ternura a ver*
*si algo le han dado, si algo le ha dolido,*
*charla un poco, desteje su cansancio,*
*suelta un pájaro y sueña hasta mañana.*
Juan Gelman

Apesar dos solavancos e dos problemas, já foi percorrido um caminho longo e exitoso nas relações civil-militares e no estabelecimento e na administração de um sistema que funcione sob o controle civil, como corresponde a qualquer ordem republicana que se preze.

Hoje ainda se avança nesse terreno, com a direção decidida do atual presidente, Néstor Kirchner, que cedo mostrou sua firme vontade de exercer o mando, como foi demonstrado horas antes de assumir a presidência, diante das pretensões do chefe do Estado Maior do Exército saliente. Não teve dúvida ao chamar as coisas por seu nome devido e combateu com tenacidade a sobrevivência ideológica ou simbólica de figuras, representações e valores remanescentes do trágico passado nos institutos castrenses. A exclusão dos retratos dos ex-generais e presidentes de fato, Jorge Videla e Reynaldo Bignone, ambos ex-diretores do Colégio Militar da Nação, que eram exibidos ali em um espaço dedicado ao mérito, junto a outros ex-diretores, foi uma mostra disso. A maneira pela qual isso foi feito gerou alguma controvérsia, mas a motivação é impecável: Colégio Militar não é o Arquivo Geral da Nação. Trata-se, antes de mais nada, de uma instituição de formação em que se transmitem saberes e valores. Os retratos dos ex-ditadores ocupavam um espaço destinado não só a dar exemplo àqueles que passaram pela instituição, senão para que, sobretudo, lhes brindem respeito, reconhecimento e os levem em alta cota por terem ocupado esse cargo. É óbvia a inconveniência de se exaltarem figuras que não deveriam ser objeto de emulação, senão de reprovação, em instituições de ensino.

Foram obtidos avanços quando se editou o decreto regulamentar da Lei de Defesa, cuja ausência pesava já como uma omissão grave, e que forma um eixo no acionar conjunto (quiçá a maior lição extraída das Malvinas) e, além disso, também desenvolve organismos e mecanismos previstos no tríptico de leis elencadas inicialmente e pela correção e supressão de anomalias e/ou bolsões de autonomia persistentes nas forças.[15]

[15] Não há muito, por exemplo, descobriu-se que um destacamento da guarda costeira mantinha tarefas de fornecimento de informações sobre dirigentes políticos nacionais e provinciais. Depuseram-se os mais altos chefes da Força envolvidos pela cadeia de mando com aquele destacamento, submeteram-se judicialmente os envolvidos diretamente com o assunto, abriu-se uma investigação interna para esclarecer o alcance e identificar ramificações que possivelmente pudessem existir.

Como resultado da declaração de nulidade das leis de isenção dos militares, reiniciaram-se os julgamentos dos responsáveis por crimes atrozes e delitos graves. Inexorável, o estabelecimento da verdade, da justiça e da extinção da impunidade avança.

A sempre atrasada reforma militar é elaborada com responsabilidade do Ministério da Defesa e desponta a possibilidade de ser implementada dentro do prazo final do governo atual.

Enfim, examinados os eixos principais, o que foi feito até agora pela administração Kirchner desenrola-se sem condicionalidades para novas conquistas no âmbito do controle civil.

## Qual é o saldo?

O caminho tem sido árduo. Avanços foram conquistados às cabeçadas, e por momentos houve retrocessos também. Os riscos mostraram-se altos em algumas ocasiões e as tensões e os conflitos foram frequentes, mas é possível dizer que, 23 anos após o retorno à democracia, o saldo é por fim positivo.

Os genocidas da última ditadura foram – e continuam sendo – julgados, recolocando em lugar central a recuperação ética de nossa sociedade. A Doutrina de Segurança Nacional foi retirada do interior das instituições militares, ainda que persistam algumas incrustações ideológicas e alguns fragmentos de tom moral – especialmente entre o pessoal aposentado – associados a ela. Um marco jurídico sólido foi elaborado para sustentar a primazia dos poderes públicos e alcançar a subordinação militar, além de se desenvolverem capacidades civis para conduzir a defesa e a política militar. Outrossim, desenvolveu-se um Ministério da Defesa em que os militares na ativa não têm nenhuma função, enquanto um funcionariado civil o conduz em sua totalidade, como convém. Vários procedimentos cívicos (parlamentares, judiciais etc.), que já são rotina, foram elaborados quanto ao julgamento de militares, à administração do orçamento de defesa e às promoções e substituições do pessoal de patente superior – portanto um ativo quanto ao controle civil e a superação da autonomia castrense. A ocupação militar foi recuperada, e nossos oficiais, suboficiais e soldados participam das missões de paz das Nações Unidas, dado não pouco relevante. A relação entre as direções política e profissional das Forças Armadas rende-se já a uma rotina quanto à responsabilidade de uma delas sobre a outra, entre outros temas de importância.

A pluma de Gelman retratou belamente os contornos da melódica esperança tratada com preciosismo nos anos do terror, da noite e da névoa. Hoje, voltando o olhar para trás, sobre a época em que a democracia apenas começava a palpitar, podemos dizer afortunadamente à luz do dia, e não sob o amparo das sombras de então, que se dissipou o cansaço, libertaram-se os pássaros e se pode continuar sonhando.

Porto Príncipe, abril de 2007

## REFERÊNCIAS BIBLIOGRÁFICAS


ABUELAS de Plaza de Mayo. *Niños desaparecidos en la Argentina entre 1976 y 1983*. Buenos Aires, 1993.

A CONSTRUÇÃO do controle civil: Argentina, Brasil e Chile. In: SAINT-PIERRE, H.; MATHIAS, S. *Entre votos e botas*. As forças armadas no labirinto latino-americano do novo milênio. Franca: UNESP, 2001.

ACUÑA, C. et al. *Juicio, castigos y memoria*. Derechos humanos y justicia en la política argentina. Buenos Aires: Nueva Visión, 1995.

CALLELO, H. et al. *Terrorismo de Estado y violencia psíquica*. Caracas: Tropykos, 1987.

CONADEP. *Nunca Más*. Buenos Aires: Eudeba, 1984.

DUHALDE, E. L. *El Estado terrorista argentino*. Quince años después, una mirada crítica. Buenos Aires: Eudeba, 1999.

IANNI, O. *A sociedade global*. Rio de Janeiro: Civilização Brasileira, 1992.

______. *Teorias da globalização*. Rio de Janeiro: Civilização Brasileira, 1995.

______. *A era do globalismo*. Rio de Janeiro: Civilização Brasileira, 1996.

IZAGUIRRE, I. (Org.). *Violencia social y derechos humanos*. Buenos Aires: Eudeba, 1998.

LATIN America: Objective and Subjective Control Revisited. In: PION-BERLIN, D. *Civil-Military Relations in Latin America*. New Analytical Perspectives. Chapel Hill: The University of North Carolina Press, 2001.

LEIS, H. *El movimiento por los derechos humanos y la política argentina*. Buenos Aires: CEAL, 1989.

______. *Ni la ceniza ni la gloria*. Actores, sistema político y cuestión militar en los años de Alfonsín. Buenos Aires: Ed. Universidad Nacional de Quilmes, 1994.

LOPEZ, E. *Seguridad Nacional y sedición militar*. Buenos Aires: Legasa, 1987.

______. *El último levantamiento*. Buenos Aires: Legasa, 1988.

______. Globalización y democracia: esbozos. *Revista de Ciencias Sociales (Buenos Aires)*, n.7-8, abr. 1998.

______. La seguridad internacional en los albores del siglo XXI. *Postdata (Buenos Aires)*, n.8, set. 2002.

LOPEZ, E., PION-BERLIN, D. A house divided: crisis, cleavage and conflict in the argentine army. In: EPSTEIN, E. (Ed.). *The New Argentine Democracy*. Westport: Praegers Publishers, 1992.

MIGNONE, E. F. *Derechos humanos y sociedad, el caso argentino*. Ed. del Pensamiento Nacional, 1991.

O'DONNEL, G., SCHMITTER, P., WHITEHEAD, L. *Transiciones desde un gobierno autoritario*. Buenos Aires: Paidós, 1988. v.2.

SAIN, M. *Los levantamientos carapintada 1987-1991*. Buenos Aires: Centro Editor de Latino América, 1994.

# O LEGADO DA TRANSIÇÃO NA AGENDA DEMOCRÁTICA PARA A DEFESA: OS CASOS BRASILEIRO E ARGENTINO

Érica Winand e Héctor Luis Saint-Pierre

## APRESENTAÇÃO

Na última década, em boa parte da América do Sul, alcançou-se um consenso sobre a validez e a urgência de se discutir de forma aberta com a sociedade e também de se formular e se apresentar de modo transparente uma agenda democrática para a Defesa. Esse consenso constata-se nos chamados "Livros Brancos de Defesa" e, sobretudo, nos debates que os governos da região vêm promovendo sobre a Defesa Nacional. De uma maneira ou de outra, o tema Defesa ganhou visibilidade e parte da sociedade sul-americana começou a se interessar por ele, ampliando democraticamente a acessibilidade aos debates e a profundidade deles. Essa tendência é, em parte e ao mesmo tempo, produto e reflexo do esforço de especialistas, políticos militares, além de organizações não governamentais, para traçar diagnósticos e propostas que provoquem o debate civil sobre a defesa, assim como a elaboração de projetos de Defesa Nacional compatíveis com a agenda democrática e com a atual ordem mundial. O aumento do número de reuniões sobre assuntos estratégicos e temas relativos à Defesa, como a copiosa produção acadêmico-bibliográfica e o incremento de linhas de investigação específicas sobre os temas, elucidam o esforço antes abordado.

Não obstante a dilatação do foco de interesse sobre os assuntos de defesa e apesar de terem se passado mais de vinte anos desde que iniciados os processos de transição que, partindo de regimes autoritários de cunho militar, pretendiam restabelecer as bases democráticas que impedissem o retorno da trágica experiência dos largos períodos ditatoriais, a dinâmica das relações entre civis e militares ainda causa perplexidade por sua persistente contrariedade em relação aos padrões que se esperam de um pretenso jogo democrático. Assim, ainda que sejam reconhecidos fatores positivos como: a valorização do tema por parte da sociedade; a transparência das políticas de Defesa – representada pela elaboração de livros brancos por diversos países –; o estreitamento do diálogo entre civis e militares; a abertura dos arquivos e, por fim, o reconhecimento de parte da negra história do regime, não se pode afirmar a inexistência de ilhas de autonomia militar, nem o fim da desconfiança recíproca entre as duas esferas. A transparência das premissas da Defesa também não garante que exista um efetivo controle civil sobre as Forças Armadas (FFAA) ou que tenham se estabelecido, de forma duradoura, garantias da ausência do intervencionismo militar por "outros meios". Enfim, ainda não se pode oferecer um brinde ao vigor e à boa saúde da democracia na região.[1]

No caso brasileiro, as FFAA conseguiram conservar prerrogativas e níveis de autonomia que lhes permitem localizar fissuras no quadro político nacional, mantidas abertas pela ignorância e pelo desinteresse da classe política nesses temas. Por tais fendas, facilmente detectadas, os militares infiltram-se para disputar protagonismo político em decisões nacionais. Entre as várias fissuras, podemos citar:

1. A imprecisão constitucional relativa a algumas definições no âmbito da defesa, particularmente a falta de clareza sobre as missões das FFAA;
2. O chamado "Documento de Política de Defesa Nacional", que não passa de mera carta de intenções, mal fundamentada, vaga e suficientemente ambígua para manter nebulosos os limites entre as definições de "Defesa" e "Segurança"; assim, tal situação afiança a abertura para a participação das Forças Armadas em tarefas que não lhes são específicas;

[1] No entanto, a afirmação de uma sociedade democrática resulta da convergência de aspectos políticos, econômicos e culturais. Tanto as características econômicas quanto as políticas são mais facilmente detectadas quando investigadas à luz do sistema de valores que as produziu. Alguns estudos mostram que as dificuldades que algumas sociedades apresentam para incorporar valores democráticos relacionam-se aos valores não democráticos historicamente arraigados. Para Gómez (2004, p.23-37), por exemplo, na América Latina, de modo geral, o conjunto de valores em relação ao político – e que define as atitudes políticas e suas tradições institucionais – está relacionado à herança cultural da colonização espanhola e portuguesa, vigorosamente personalista e centralizadora: "Pessoas, e não instituições, foram os centros da política daquele tempo. ... A cultura política da América Latina foi desenhada não sobre leis e instituições sociais, mas em virtude de ordens personalistas" (Gómez, 2004, p.29). A autora diz que essa estrutura vertical era reforçada pela falta de representação – ausência de Congressos e Parlamentos – e foi desenhando uma situação que se encontra ainda presente: a proeminência do Poder Executivo sobre os poderes Legislativo e Judiciário. É fácil perceber ainda hoje que na América Latina não se enraizaram os valores próprios da democracia, como a tolerância política, a confiança nas instituições, a participação popular e a busca do consenso, respeitando, é claro, as particularidades de cada país, obedecendo a sua história e às tradições específicas que diferenciam suas práticas políticas.

3. A débil estrutura de mando do Ministério da Defesa (MD) sobre os militares, agravada pela rara participação civil nos quadros funcionais do Ministério;
4. A crônica falta de interesse da sociedade civil pelas questões da Defesa, como por todas as questões relativas ao âmbito internacional; o consequente descaso de seus representantes políticos, que preferem manter o pacto tácito com os militares não intervindo nesses temas, e possivelmente por isso;
5. A notória falta de preparo dos políticos para lidar com assuntos de Defesa e seu desinteresse por participar das comissões parlamentares destinadas a essa pasta, o que se reflete na falta de propostas partidárias para a área e na ausência de debates sobre ela, inclusive em épocas de eleição.

Todas essas lacunas contribuem para debilitar a estrutura institucional, que constitui o pilar mais sólido do sistema democrático. A consolidação da democracia depende, em primeiro lugar, da institucionalização das relações de poder dentro do Estado e dos processos de tomada de decisão. Nem aquelas relações nem estes processos podem ser permeáveis a interferências de qualquer estrutura burocrática do Estado, sob pena de colocar em risco as relações harmônicas entre este e a sociedade. A interferência de alguma instituição do Estado nessas relações ou nesses processos a transformaria em um inconveniente ator político, que atuaria em flagrante descumprimento ao quarto capítulo da Carta Democrática Interamericana,[2] corroendo fatalmente o edifício democrático. As FFAA, instituições permanentes do Estado, pela especificidade de serem armadas, não podem ficar à margem do cuidado formal e político do Estado, principalmente no que toca aos limites de sua ação dentro dos marcos constitucionalmente definidos e a sua estrita subordinação ao poder civil.

Possivelmente por isso, Fontana (1990, p.159-61) afirma que somente o regime democrático é capaz de constituir as FFAA como uma instituição. Dessa forma, sua institucionalização supõe a existência de um marco normativo que tenha como base a estrita subordinação daquelas à autoridade constitucional, o que exclui a participação das FFAA na cena política nacional, seja como aparato de repressão interna, seja como poder corporativo que se sobrepõe às normas vigentes para a cidadania. No entanto,

[2] No segundo parágrafo do quarto capítulo, a Carta Democrática Interamericana reza: "A subordinação constitucional de todas as instituições do Estado à autoridade civil legalmente constituída e o respeito ao Estado de direito por todas as instituições e setores da sociedade são igualmente fundamentais para a democracia". A consulta a esta Carta, algumas vezes esquecida, constitui um excelente exercício de oxigenação democrática, sempre recomendável à América Latina, principalmente considerando a facilidade para acessá-la: <www.oas.org>.

o processo de institucionalização que configura a democracia exige que o poder político assuma um conjunto de responsabilidades que (por desinteresse, incompetência, ignorância ou cautela da classe política ou, por outro lado, pelas frequentes irrupções políticas dos militares no panorama histórico da América Latina) ainda se encontram como prerrogativas nas mãos dos militares – por exemplo, as referidas à condução e ao controle das atividades de inteligência, segurança interior e defesa nacional. Tendo o poder político assumido essas responsabilidades, a democracia exige a eficácia de uma relação de mando e obediência e a promoção de políticas destinadas a recompor a coesão interna das FFAA, propiciando a elas um grau de profissionalismo satisfatório para as demandas da Defesa Nacional; aspectos que foram tragicamente perdidos pela larga história de intervenções militares que desvirtuaram a relação entre civis e militares na região. Para obedecer aos critérios da democracia da Organização dos Estados Americanos (OEA), o Estado deve impedir constitucionalmente e evitar politicamente qualquer possibilidade de ação que reintegre as FFAA ao tabuleiro político nacional. Para isso, o caminho é relacionar-se com elas com discernimento e vocação, construindo uma relação claramente hierárquica por canais orgânicos, como um forte e salutar Ministério da Defesa, "mobiliado com civis", como pretendia o ex-ministro Viegas.

Apesar de a democracia na Argentina não ter atingido uma maturação esplendorosa, em que se pode garantir uma completa e irrestrita subordinação dos militares aos civis,[3] é possível constatar diferenças substanciais em relação ao caso brasileiro, que não deixa, porém, de ser deficitário, tanto em matéria de obediência como de participação e controle civil. Diferentemente do que acontece no Brasil, a Argentina conta com um "Livro Branco de Defesa" que resultou de amplo debate com a sociedade organizada e da qual participaram praticamente todos os mais conhecidos especialistas do tema.[4] Mesas temáticas foram abertas para cada uma dessas discussões.[5] No "Livro Branco" constam os pressupostos e objetivos estratégicos assim

[3] Exemplo disso foi o significativo e perigoso episódio entre o setor da inteligência e a ministra da Defesa, divulgado pela imprensa nacional no começo de 2006.

[4] Houve cerca de duzentos participantes ativos, sem contar os advindos do Conselho Assessor do Comitê Acadêmico, da equipe de Metodologia e da Equipe Técnica, entre os quais se destacam importantes acadêmicos, políticos e militares. É possível analisar o processo e as conclusões, bem como os aspectos metodológicos do debate em: Ministerio de la Defensa/Programa de Naciones Unidas para el Desarrollo (PNUD-ARG). La Defensa Nacional en la agenda democrática. Informes de la primera ronda de discusiones. Buenos Aires: MD, 2005.

[5] Os participantes distribuíram-se proporcionalmente em nove mesas, a saber: 1) "Política Exterior e Defesa Nacional", 2) "O papel das Forças Armadas no novo contexto estratégico internacional e regional", 3) "A Defesa e a Comunidade", 4) "A condução da política de defesa", 5) "O instrumento militar", 6) "Educação para a Defesa", 7) "Economia de Defesa", 8) "Mobilização e reservas", 9) "Inteligência".

como os princípios, os lineamentos e as diretrizes da Defesa. Os debates públicos e o impacto da imprensa deixam claro que a construção e a consolidação de uma "cultura de Defesa" são fundamentais para o exercício democrático de mando e controle civil. A Carta Magna argentina define com uma clareza meridiana o limite inequívoco entre as arenas da Defesa e da Segurança. O país pode orgulhar-se do relativo êxito com que conseguiu restabelecer as relações entre os civis e os militares e de como articula a participação dos políticos e do Congresso Nacional nessas discussões. Esta casa, aliás, funciona como palco de ardentes e calorosos debates parlamentares sobre a Defesa e sobre todos os temas a ela adjuntos, provocando o transbordamento daquele pelos meios de difusão à sociedade, que, aliás, responde com consciência à informação. Quiçá esta prática política cidadã, que sacode a nação desde suas bases até a máxima representação do poder legal e legitimamente constituído, explique a notável diminuição da autonomia militar e a contínua melhora da relação dos Poderes com as instituições castrenses. No Brasil, a associação da omissão e da falta de debate dos parlamentares[6] com a falta de interesse da sociedade[7] pelos temas de defesa constitui um poderoso artefato que soterra as bases da recente e frágil democracia.

Sócrates dizia que o conhecimento começa com o reconhecimento da ignorância. Seguindo tal raciocínio, traremos parte da já muito conhecida, porém rica e complexa, história de dois países vizinhos do Cone Sul, para que possamos começar a destacar apenas parte de alguns dos elementos históricos que acreditamos terem contribuído para explicar a dolorosa construção e posterior instituição de suas agendas democráticas para a defesa. Tratando de ajustar as pretensões deste texto a nossa ignorância, resignamo-nos a discutir apenas os pontos que, com algum grau de certeza, estão diretamente relacionados aos aspectos que nos interessam destacar para, depois, podermos analisar a influência dos processos de transição na cristalização institucional das questões relativas à defesa em cada país.

[6] Em novembro de 2005, realizamos uma primeira reunião com deputados interessados pela Defesa para discutir a cooperação com a Argentina. Do lado argentino, compareceu um importante número de parlamentares, acompanhados do presidente da Comissão de Defesa da Câmara de Deputados e um grupo de acadêmicos. Depois das conferências do ministro da Defesa brasileiro, do Comandante das FFAA e do presidente da Comissão de Relações Exteriores e Defesa Nacional da Câmara de Deputados do Brasil, os parlamentares brasileiros desapareceram, seguramente por questões mais importantes, deixando os convidados argentinos falando com alguns assessores e acadêmicos brasileiros. Esse caso, sobre o qual não detalharemos para não tornar nosso trabalho um artigo cômico, é uma mostra patética da importância concedida no Brasil às questões de Defesa.

[7] Aliás, tampouco a democracia inspira defesas calorosas da sociedade brasileira. É o que mostra uma pesquisa de opinião pública realizada pelo Barômetro Latino – uma organização chilena de pesquisa de opinião pública. Em 2001, apenas 46% da população latino-americana preferia a democracia a outras formas de governo. Essa porcentagem cai para 30% ao se tratar do Brasil. Em contrapartida, sobe para 58% em se tratando da Argentina. Ver: <www.latinobarometro.org>.

Em outras palavras: tentaremos detectar a influência da "herança" ou do "legado" dos regimes militares e dos processos de transição vivenciados por Brasil e Argentina entre as décadas de 1960 e 1980 sobre a atual política de Defesa formulada por cada país, tratando de compreender as convergências e de explicar as divergências entre os vizinhos. Finalmente, trataremos de avaliar as diferentes dinâmicas de construção e exercício do controle civil sobre os militares nos dois países na era pós-transição.

## BRASIL E ARGENTINA: A TRANSIÇÃO EM PERSPECTIVA COMPARADA

Ainda que as ditaduras impostas nas décadas de 1960 e 1970 na Argentina e no Brasil não tivessem sido exatamente sincrônicas, elas se encaixam no contexto comum da Guerra Fria e do alinhamento da América Latina aos preceitos da Doutrina de Segurança Nacional (DSN). Esse período talvez seja o de maior convergência estratégica entre os dois países. Suas projeções estratégicas estavam determinadas por uma ordem hemisférica que definia claramente o inimigo externo – leia-se "Pacto de Varsóvia" – e suas pretensões expansionistas, assim como o inimigo interno – representado pelas "vanguardas comunistas", que constituíam, por sua vez, as "cabeceiras de ponte" do dito inimigo externo. Aliás, sob o rótulo "comunista" encontrava-se todo tipo de contestação ao regime imposto. Assim, com a lógica paradoxal[8] que caracteriza o ambiente internacional, algumas das mais ferrenhas e sanguinárias ditaduras latino-americanas erguiam-se como os poderosos guardiões da defesa da democracia no Cone Sul.[9] Apesar disso, a difusão e a aplicação da DSN conservaram particularidades de país para país, ponderando que "a relativa particularidade do caráter prático da doutrina seria resultado das respectivas histórias nacionais e, em grande medida, da história da instituição militar de cada país".[10]

[8] Uma discussão bastante didática do aspecto paradoxal da lógica internacional e, mais especificamente, da estratégica pode ser encontrada em Luttwak (2005).

[9] Com o mesmo argumento da defesa da democracia, aqueles que, no passado, estimularam e financiaram as ditaduras, contra as liberdades políticas da América Latina, hoje invadem países e bombardeiam a população civil para liberá-la de ditaduras das quais já foram aliados.

[10] O Brasil está em primeiro lugar na cronologia dos golpes, seguido pela Argentina, que praticou o golpe em 1966 e depois em 1976. De acordo com Santos (1987, p.553), porém, ao contrário do Brasil que apresentou razoável grau de harmonia entre a teoria e a prática, na Argentina, a concretização da segurança nacional não foi tão bem-sucedida, "persistindo mais como um projeto que não logrou alcançar uma estratégia única de implementação" (Santos, 1987, p.554). E acrescenta a autora que, "Certamente este fato, ligado ao alto grau de ativação política do setor popular, contribuiu para que a implantação da ordem segundo os ditames da segurança acontecesse de forma bem mais drástica" (Santos, 1987, p.554-5).

É possível encontrar algumas diferenças entre Brasil e Argentina desde a origem das duas ditaduras até na intensidade, no ritmo, na duração e na continuidade de cada regime militar.[11] No caso da Argentina, é expressiva a frequência de golpes militares como imposição de governos militares ou, ao menos, de base militar – ainda que de breve duração. Sua ocorrência pode ser observada desde a década de 1950 com alguns interregnos. Restringindo-nos, todavia, à década de 1960, podemos notar que no Brasil, em 1965, produz-se um Golpe de Estado militar que dá origem a um governo ditatorial ininterrupto até 1985, que contou com alterações de comando. Já na Argentina, deflagra-se um Golpe de Estado, em 1966, que instala um governo militar até 1973 e, depois de uma breve interrupção democrática, outro golpe militar põe em vigor uma sanguinária ditadura, no ano de 1976. Outra diferença tristemente notável diz respeito à extensão e à profundidade da repressão nos dois países. Não pretendemos computar odiosamente as vítimas e os exilados, mas explicar que o infeliz e truculento diferencial argentino deveu-se a uma maior fragilidade institucional de seu regime que, por sua vez, pode ser atribuível à existência de forte oposição manifestada por constantes e aguerridos embates sociais e pela energia, extensão e tenacidade do combate de guerrilheiros, os quais foram assumidos por vários grupos políticos, como canal de expressão política, tanto em sua modalidade urbana como na rural.

Considerando esses aspectos distintivos, superficialmente expostos até aqui, não surpreende que a reformulação da relação entre civis e militares e a construção do controle civil nos dois países tenham se processado de forma também diferente. Entre os motivos que podem ser apontados para explicar essa diferença, não está ausente a modalidade com que as transições ocorreram nos dois países. De maneira provisoriamente sintética, podemos antecipar que, enquanto no Brasil processou-se o que os especialistas concordam em chamar de "transição pactuada", dominada por largo período de "distensão lenta, gradual e segura", a Argentina sofreu uma dramática e breve "transição por colapso".[12]

---

[11] A coincidência nos regimes militares dos dois países deu-se na adoção de um modelo burocrático-autoritário, produzindo relações semelhantes entre Estado e sociedade, a saber, uma relação de restrição dos canais democráticos. Porém, como reparam Fausto & Devoto (2004, p.396), de forma geral, o regime autoritário brasileiro possuía alguns limites que impediam a construção de um sistema autoritário completo. Além do mais, teve como núcleo ideológico o crescimento econômico acelerado, sendo mais homogêneo e apresentando menos crises que o regime argentino.

[12] Utilizando os conceitos, O'Donnel (in O'Donnel & Shimitter, 1988), Lopez (in Saint-Pierre & Mathias, 2001, p.93-11) explica que "as transições para a democracia a partir de regimes autoritários e/ou ditatoriais significa – vista a questão estritamente no campo das relações entre civis e militares – o início de um processo capaz de gerar o abandono, por parte dos militares, de suas posições de preponderância e autonomia, e de favorecer as

O artífice da estratégia, que deu lugar ao projeto de Distensão, foi o general Ernesto Geisel. Em seus discursos deixou claro, com uma sinceridade categórica, que este projeto não tinha como objetivo principal o retorno à democracia, mas o afrouxamento das tensões existentes, visando ao alcance de um consenso que viabilizasse a execução dos objetivos da denominada – pelos militares – "Revolução de 64". A estratégia pressupunha, como disse Suzeley K. Mathias, a continuidade como "parte constitutiva da mudança que, por sua vez, está relacionada à não ruptura das bases sobre as quais se erigiu o processo revolucionário" (1994, p.79). A restauração da democracia com um governo civil, segundo essa autora, foi condicionada à manutenção de mecanismos que permitissem que os militares mantivessem a mesma capacidade de intervenção na política. Mas, além disso, o governo militar toleraria a instalação de um governo democrático sempre e quando este garantisse o afastamento de qualquer possibilidade de contestação da ordem socioeconômica imposta pelo processo autodenominado "revolucionário". Entretanto, ou justamente por isso, o general Geisel foi o presidente militar que gozou de maior prestígio. Manteve o pulso firme e suficiente cautela para conduzir, sem sobressaltos, o processo de distensão "lenta, segura e gradual", de maneira que conseguiu garantir a eliminação dos impedimentos à vigência da Constituição de 1967 e afiançou a consecução do chamado "desenvolvimento político" (que significava a somatória do desenvolvimento econômico com o social). Seu último triunfo foi garantir um sucessor que estivesse sintonizado com a estratégia distensionista e apto a devolver, sem turbulências, o governo aos civis, com a condição de que a "abertura democrática" se processasse com "responsabilidade". Assim, lançou-se o general Figueiredo.

Pondo em marcha a estratégia de distensão, o regime militar buscava sustentar com nova legitimidade a continuidade da ditadura brasileira, já que os objetivos que argumentavam a sustentação do Estado de exceção não haviam sido cumpridos. No campo da segurança, o inimigo interno havia sido estrondosamente derrotado e, por isso, terminou debelada a ameaça de subversão. Com relação ao desenvolvimento econômico, desde o governo Médici o país vinha experimentando altos índices de crescimento, embora, durante a administração seguinte, a crise internacional do petróleo tivesse projetado uma sombra ameaçadora sobre eles. Perante essas constatações e sob certa pressão internacional, alguns setores civis

condições para a reconstrução do controle político civil sobre as Forças Armadas" (ibidem, p.93). As transições pactuadas são aquelas que apresentam "alguma classe de entendimento político, explícito ou implícito entre os atores militares e os atores políticos" no tocante à dinâmica da transição. As transições por colapso ocorrem pelo "desmoronamento do regime militar", o que dá mais liberdade de ação aos atores civis (ibidem, p.101). Ao longo do texto, aplicaremos melhor estes conceitos. Ver López (2001, p.93).

e militares[13] começaram a argumentar que já não era justificável a necessidade de manter vigente o aparato repressivo militar que sustentava o Estado de exceção e já era hora de se retornar ao Estado de direito. Geisel diagnosticou o momento como uma oportunidade de retirada ordenada das FFAA do governo. Para Mathias (1994, p.35), o caso do Brasil pode ser visto como um exemplo de *Ditadura institucional*, na qual as FFAA – e não simplesmente um líder que personalize o poder –, em sua unidade institucional, comprometem-se com a condução da intervenção na vida política nacional. O fato de carecer de uma cabeça no comando da ditadura, sem necessitar de uma reconstrução institucional, transfere para a instituição, como um todo, o peso da responsabilidade sobre os atos do regime, o que leva a uma situação de tensão interna à força, na qual os setores dissonantes tendem a disputar a condução do processo. Tal turbulência interna, em última análise, pode colocar em risco os princípios fundamentais da hierarquia e da disciplina inerentes à existência da própria corporação. Somada à preservação dos interesses corporativos (como a valorização profissional), aquela situação exigia, para que a distensão corresse a contento e pisasse em terra firme, que algumas medidas preventivas fossem tomadas. No caso brasileiro, o contrapeso à proposta liberalizante para o regime foi encarnado pelo Serviço Nacional de Informações (SIN), órgão militarizado, de papel central na inteligência da repressão, e que acabou se transformando em força paralela que, entre os anos de 1973 e 1975, identificou-se com a chamada "linha dura" militar, para compor a oposição à abertura do regime.[14] Mathias considera que a existência desse poder paralelo significava a "perda de controle sobre a organização e, em médio prazo, a perda do monopólio da força, o que redundaria na destruição das Forças Armadas enquanto tal" (1995, p.36). Em sua opinião, a distensão, nesse caso, deveria acontecer como "um processo de alijamento progressivo das Forças Armadas da administração estatal, que não concorria, no entanto, à perda, por completo, do poder dos militares sobre as estruturas do Estado" (idem, p.35).

Perante as demonstrações de força dos setores militares duros, que não pretendiam ceder à abertura do regime, mas queriam um recrudescimento

[13] Os setores militares identificados com essa proposta eram aqueles que defendiam o retorno às propostas originais da intervenção de 1964, quais sejam, a restauração de condições favoráveis à administração política por parte das elites civis identificadas com o nacional-desenvolvimentismo.

[14] Por sua atuação, nos anos entre 1973 e 1975, os órgãos de repressão passaram a figurar como oposição à proposta distensionista de Geisel, visto que não se submetiam mais às determinações do presidente de minimizar o uso da violência repressiva. A morte do jornalista Vladimir Herzog nas dependências do II Exército (São Paulo) em outubro de 1975 é um claro exemplo dessa insubordinação e representou um desafio direto à proposta governamental (Mathias, 1995, p.124-5).

da ditadura, o governo Geisel sinalizou para a sociedade que não abandonaria seu projeto estratégico, tomando medidas enérgicas contra esses grupos. Uma morte socialmente significativa[15] parecia indicar que o grupo dos duros gozava de autonomia. Todavia, imediatamente, Geisel exonerou o general Ednaldo D'Avia, comandante do II Exército, deixando claro, tanto para a Força como para a sociedade, que era ele quem tinha as rédeas nas mãos e que somente ele comandaria a distensão, conforme programado; sem ceder a pressões de nenhuma natureza ou origem e, ainda menos, a pressões advindas da corporação. Outro fator que deixou clara a determinação presidencial de não tolerar dissidências internas, que colocassem em risco a implementação progressiva da distensão, foi sua decisão de demitir o ministro do Exército, o general Sylvio Frota, militar apontado como principal candidato à sucessão presidencial e que se alinhava com a extrema direita, entre os militares, criticando publicamente a política distensionista.

Para o sucesso de seu projeto estratégico, era essencial que a eleição do sucessor à presidência se apoiasse na escolha de um candidato de linha liberal, próxima à seguida por Geisel e que assegurasse a continuação do processo. Geisel preferiu o general João Batista Figueiredo, em uma eleição que aconteceu sem consulta ao Alto Comando do Exército, deixando explícitas, ao menos, duas coisas: por um lado, a concentração de poder que Geisel havia acumulado em suas mãos e, ao mesmo tempo, o deslocamento do Exército do centro das decisões políticas. Essa situação aponta que Geisel estava disposto a tomar todas as cautelas necessárias para levar a cabo seu programa de liberalização.

A fórmula que deveria ser seguida para realizar a transição, de acordo com o programado por Geisel, consistia em retirar as FFAA dos postos do governo, sem abandonar totalmente o poder. Alguns centros considerados sensíveis ou estratégicos não seriam devolvidos aos civis: os militares não desalojariam, totalmente, as estruturas do Estado. Desde o momento em que Geisel tomou posse como presidente, deixou claro que não abandonaria os "instrumentos legados pela revolução (leia-se AI-5)" (Mathias, 1995, p.113). Em 1977, quando foi enviada a proposta de reforma do Judiciário ao Congresso e depois de ser rechaçada por este, o presidente valeu-se dos instrumentos de poder que lhe conferia o AI-5 (Ato Institucional nº 5),[16] para decretar o recesso do Congresso e editar as medidas institucionais de governo, que foram conhecidas como "Pacote de Abril". Contudo, em junho de 1978, o governo enviou ao Congresso um projeto de reformas políticas que tinha como principal objetivo a extinção do AI-5 e a restauração

[15] Nós nos referimos à morte do operário Manoel Fiel Filho em janeiro de 1976, ocorrida no II Exército, em circunstâncias parecidas com a morte de Herzog.

[16] Nome dos decretos emitidos pelos governos militares.

dos direitos do cidadão. Para Mathias (1995, p.136), as medidas eram um indício de avanço, mas as novas medidas introduzidas na Carta, as chamadas "salvaguardas para a defesa do Estado" (como o Estado de Emergência), guardavam muitas semelhanças com aquele Ato podendo, na prática, significar quase uma reedição. Em consonância, o presidente podia afirmar em 1979: "Ao promover, no quadro destes conceitos, a extinção dos instrumentos excepcionais de que se revestia, a Revolução continua otimista e forte para levar o Brasil adiante em seu propósito de construção de um Brasil renovado". Ainda com o fim do Ato Institucional, eram preservadas as salvaguardas que garantiriam a possibilidade de ingerência militar no poder político.

Diferentemente de outras transições, o processo brasileiro foi executado por iniciativa dos militares e foi, por eles, perfeitamente controlado, o que garantiu a estes manter boa parte de suas prerrogativas políticas (Souza, 1988, p.564-5). Mesmo durante o primeiro governo civil, presidido por José Sarney, e depois de um largo período autoritário, a definição do papel e da função que cabia às FFAA foi realizada "por iniciativa militar e sob controle militar" (Stepan, 1988, p.523). Esse fato garantiu que, ainda que não fossem mais governo, os militares participassem intensamente das negociações políticas, tanto na defesa de seus interesses como, pela correlação de forças, quando isso era possível. Assim, participaram da definição de seu papel constitucional durante a elaboração da Carta de 1988. A boa atuação do *lobby* militar no Congresso assegurou as prerrogativas constitucionais de obediência, dentro dos limites da lei e da manutenção da lei e da ordem interna, apesar de essas cláusulas não constarem no anteprojeto constitucional, elaborado em 1986. Como reconhece Stepan, o fato concedeu aos militares ampla margem de ação, o que constata para o período a influência do "poderoso clamor militar" (idem, p.523-45).

Segundo Ernesto López (2001, p.108-9), a Argentina também pretendia realizar uma transição pactuada. Um indicativo dessa vontade foi que, ao final do governo do general Videla, convocou-se um "diálogo político" que continuou com seu sucessor, o general Viola. O resultado da iniciativa foi a criação de uma organização multipartidária que atuaria como interlocutora do regime militar. Com a deposição de Viola a mando dos militares – e sua substituição pelo general Leopoldo Galtieri, todos os esforços foram invalidados. Este último, talvez, em último esforço por manter um regime que se fizesse insustentável, lança-se em uma aventura militarista para conquistar, por via militar, o que não se havia logrado por longa história de reivindicação diplomática pela soberania argentina sobre o arquipélago das Ilhas Malvinas. Não obstante um momentâneo e quase unânime apoio popular, durante o conflito, a comoção pela derrota na Guerra das Malvinas, somada à desordem econômica e à fétida história da "Guerra Suja", constituiu um fardo insuportável ao governo, que acabou deixando cair o regime ditatorial em estrepitoso desmoronamento. Analisando a inexorável ruína e apoiado na tese de O'Donnel, Ernesto López assinala, com correção, que as transições por colapso conduzem a um tipo de democracia mais duradouro, completo e seguro (1994, 1988). Por outro lado, por não haver pacto nem entendimento, não há nenhum condicionante para que os militares cumpram as novas regras do jogo. Mas, como adverte López (2001, p.108-9), ainda que a autonomia dos militares seja comprometida pelo descrédito e pelo colapso, a gama de comportamentos possíveis torna-se mais ampla, aumentando as possibilidades de engano. Por outro lado, a organização multipartidária, instaurada para mediar a situação entre civis e militares, não aproveitou as brechas abertas com a ruína provocada pela derrota das Malvinas, não se esforçou por neutralizar as resistências militares que ainda restavam. O fato conferiu à transição argentina sua singular característica: não obstante o pacto ter sido arrasado pelo colapso, os militares não se acomodaram nem se resignaram a retornar para os quartéis e, por outro lado, os civis não ocuparam todos os espaços necessários para assumir posição central de predomínio no tabuleiro político pós-colapso, mantendo riscos consideráveis de imprevisibilidade e instabilidade para o novo regime (idem, p.109).

Apesar de dramaticamente matizada por algumas agitações militares,[17] a transição argentina surtiu resultados mais positivos e em menor intervalo de tempo que a prolongada transição do Brasil. Ou seja, enquanto a Argentina conseguiu encerrar um pacote de reformas militares bastante completo já em 1983, o Brasil apenas aprovou uma Constituição, no ano de 1988 e, ainda assim, com referências bastante vagas e ambíguas para a Defesa, além do fato de ter sido negociada com as FFAA e de conservar intactas muitas das prerrogativas militares. As mudanças mais significativas na estrutura das FFAA apenas passaram a ser promovidas na década de 1990 e, até hoje, continuam incompletas e insatisfatórias. Quiçá no projeto de "distensão, lenta, gradual e segura" encontre-se o germe da transição inacabada que deu lugar, no Brasil, a um controle civil muito mais precário que na Argentina. Sendo assim, podemos enfatizar alguns pontos de diferença que nos parecem relevantes: um deles é a violência "genocida" desatada pela ditadura argentina, que não pode ser comparada com a aplicada pelo regime no Brasil. A intolerância e o ímpeto do terror, aplicados sobre a sociedade argentina, propiciaram a intensificação de um forte sentimento de inconformismo com aquele regime militar, fazendo que uma parte da população mostrasse-se taxativamente a favor de uma redefinição clara das relações entre civis e militares. Isso motivou uma série de medidas (às quais nos referiremos adiante) para impedir a autonomia militar. Outro ponto a ser destacado é o relativo êxito econômico do regime autoritário militar brasileiro, consagradamente

[17] Para um relato detalhado desses acontecimentos, recomendamos a leitura dos livros de Sain (1994, v.1-2).

denominado "milagre brasileiro", que permitiu mostrar os avanços produtivos logrados pela ditadura, bem diferente do desmonte industrial e científico-tecnológico que, com parcimônia, enfraqueceu os militares argentinos e acabou levando o país à ruína econômica. Um aspecto pouco recordado, mas que não pode ser diminuído, diz respeito à repressão da difusão do conhecimento: enquanto a ditadura argentina desprezou a ciência e a tecnologia, fazendo "desaparecer" uma geração de acadêmicos, por meio da perseguição a cientistas e da proibição às expressões artísticas, estéticas e de diversos âmbitos do saber, os militares brasileiros, talvez por sua tradição iluminista, implantavam um projeto acadêmico de pós-graduação, incluso no rol dos melhores do mundo, em termos de estrutura. Um aspecto importante foi, inequivocamente, a invasão das Ilhas Malvinas. Como recordam Fausto e Devoto (2004, p.458), a invasão das Malvinas gerou na Argentina um fenômeno de unidade nacional como talvez o país jamais conhecera:

> Não era o grito da "pátria em perigo" que unia o país, mas o de afirmação da soberania, acompanhada de um golpe em uma potência imperialista. Na consciência e na inconsciência dos argentinos, a recuperação das Malvinas ocupadas pelos britânicos desde 1833 constituía uma questão de honra, uma reivindicação nacional martelada nos livros didáticos. Mais do que isso, a desmoralização dos militares naquele episódio. (ibidem)

Essa derrota fez que os argentinos percebessem que aquelas "aguerridas" FFAA que se ufanavam da "vitória" contra a subversão do comunismo internacional, na verdade, não passavam de um bando prepotente, cuja glória do período em que libertaram parte do continente dos poderosos exércitos espanhóis limitava-se, agora, a aprisionar, torturar e assassinar estudantes e sindicalistas desarmados. Essas FFAA, usurpadoras do poder político, não tinham condições de assegurar a Defesa do território, nem a soberania nacional. Sua preocupação com o controle político nacional, com espionagem e o serviço policial havia prejudicado sua preparação para as formas convencionais de conflitos, para os quais eram destinadas. Isso determinou a revisão da Doutrina da Segurança Nacional (DNS) e sua substituição pela Doutrina de Defesa Nacional (DDN), já que a primeira fundia as missões de Defesa às de segurança, enquanto a segunda preconizava justamente a separação conceitual, doutrinal e operativa delas, sujeitando as FFAA exclusivamente à Defesa das ameaças externas.

Explorando outra vertente explicativa, Torcuato S. Di Tela (1990, p.54) afirma que não basta que um partido que creia na democracia ganhe as eleições. Para ele, "esta insegura e forçosamente necessária vitória do partido democrático é uma garantia demasiadamente pobre contra o golpe de Estado". O que se faz essencial é um *entendimento* entre os adversários. Ainda que não sejam adeptos fanáticos da democracia, "com o tempo irão se adequando a suas ideias e ao seu comportamento real". Assim, o autor sugere que as medidas democráticas e não intervencionistas estimulam o nascimento de valores democráticos e não intervencionistas no seio militar. Por outro lado, Di Tela defende a ideia de que a consolidação de uma ideia ou atitude golpista é, em grande medida, produto das condições sociais que afetam o conjunto dos atores políticos no país. Em suas palavras,

> de modo extremado, poderia se dizer que as FFAA atuam somente como ator desencadeador e que o verdadeiro gatilho do golpe está na estrutura das relações entre partidos políticos, classes sociais, corporações de diversos tipos e instituições culturais. (idem, p.53)

Nesse caso, o autor crê que Brasil e Argentina compartilham o fato de os partidos de direita, até mesmo partidos que gozam de certo apoio da direita, terem auxiliado na transição, o que, para ele, é positivamente relevante, excluindo-se, obviamente, os aspectos violentos desses partidos. Para ele houve um pacto, não entre civis e militares, como no caso brasileiro, mas com os setores da direita que apoiaram o regime militar e viram seus interesses econômicos satisfeitos pelos fardados. Esse pacto, então, não obedeceu a um apego político maior ou menor à democracia, mas à proteção egoísta de seus interesses materiais.[18]

Parece-nos que as diferenças nos processos de transição dos regimes autoritários de base militar para a democracia na Argentina e no Brasil não se explicam somente por matizes ideológicas e doutrinárias entre os militares dos dois países. Apesar das diferenças com relação às políticas econômicas e à autonomia estratégica na região, ambos eram entusiastas partidários das intervenções militares na vida política nacional e eram caudatários da DSN. Cremos que as circunstâncias históricas que marcaram o destino dos dois países tiveram um peso estrutural causal diferente, que deve ser levado em conta na hora de se estabelecer uma imputação historiográfica. A "fortuna" – nas palavras do florentino – atropelou a "*virtù*" militar no caso argentino, enquanto a capacidade do militar brasileiro de "prever com sua inteligência" – como o diria o mesmo estadista – conseguiu domar as circunstâncias.

Todavia, do ponto de vista das sociedades civis, parece que a relação entre "*virtù*" – neste caso relativo ao cívico e ao político – e "fortuna" – mais relacionada à circunstância e ao destino – invertem-se. Em determinado momento, talvez pelo alarde da queda do regime, os argentinos pareceram despertar-se do narcotizante pesadelo para entrar em vigorosa vigília política (ponderando que "*no todo es vigilia la de los ojos abiertos*", como advertira Macedónio Fernández). Essa sociedade civil renovada, que emerge das penumbras da ditadura e está politicamente preocupada com o monopólio de

[18] Sobre o jogo político-partidário que envolveu o processo de transição, ver também Riz (1990).

violência que lhe foi, por tanto tempo, usurpado, beneficiará, a partir de então, a Nação argentina, conferindo legitimidade à reestruturação das bases das relações entre civis e militares. Ao mesmo tempo, as mudanças – que podiam ser percebidas como resultado de sua ação política – reforçavam seu clamor democrático, mesmo que o perigo continuasse iminente nas expostas garras dos alertados falcões golpistas. Em contraposição, o despertar político do brasileiro para tais questões foi preguiçoso e tímido. Com uma resignação própria de quarta-feira de cinzas, esperou indicações sobre como se relacionar com os militares, justamente com aqueles que ocupavam cargos responsáveis por importantes decisões nacionais. Os militares, nem tímidos nem preguiçosos, definiram as regras e os limites do quadro político que os civis, até hoje, não ocuparam. A apatia política do brasileiro surpreendeu os próprios carcereiros, que haviam desocupado espaços de poder imaginando a implacável avalanche de uma sociedade sedenta do exercício de poder, depois de vagar por 21 anos pelo deserto político do autoritarismo. Tamanho foi o desinteresse político da sociedade para as questões da Defesa, que os militares tiveram de refluir para espaços que haviam deixado vazios na estrutura do Estado, por falta de ocupantes legítimos. Essa tímida retomada da vida democrática no Brasil, por um lado, contribuiu para a manutenção de prerrogativas militares e para a consolidação de ilhas de autonomia e, por outro, atrofiou a dinâmica da política que propiciaria a democratização desses temas e o efetivo controle civil sobre os militares.

## A CONSTRUÇÃO DO CONTROLE CIVIL NO BRASIL E NA ARGENTINA

A distensão "lenta, gradual e segura", iniciada por Geisel em meados da década de 1970 e finalizada por Figueiredo em meados dos anos 1980, deu lugar a um processo também moroso e gradativo, tímido e errático, de idas e vindas, muito mais caracterizado pelo fracasso do que por conquistas, no que toca à construção do controle civil. A partir de 1985, com José Sarney, que chegou ao governo por meio de eleições indiretas, o processo brasileiro teve seu incerto preâmbulo, enquanto na Argentina, dois anos antes, e sob a liderança de Alfonsín,[19] é travada uma enérgica batalha contra o passado militar, que buscava provocar profundas reflexões e consequentes reformas nas relações entre civis e militares, as quais deveriam

[19] Na verdade, essas propostas já estavam presentes, de forma coincidente, nas plataformas eleitorais dos partidos majoritários da Argentina – a União Cívica Radical e o Partido Justicialista. Druetta, G. A. Herencia militar y lucha paramentaria: hacia una concepción democrática de la Defensa (in Hirst, 1990. p.123).

alcançar o âmbito político e burocrático-administrativo.[20] Entretanto, a maioria dos esforços teve seu efeito mitigado pela conjugação de uma constelação de motivos civis e militares: a falta de cautela civil no momento de pôr o plano em prática resultou em um desequilíbrio de incidências que despertou o "aparentemente" adormecido ímpeto reivindicatório militar, como trataremos em seguida.

A União Cívica Radical (UCR) havia elaborado um plano de reforma militar sob a condução do doutor Juan Carlos Pugliese. Uma "Comissão de Defesa do Movimento de Renovação e Mudança" foi instaurada no início de 1983, incorporando o coronel da reserva Gustavo Cáseres – expulso da Escola Superior de Guerra por manter contato com os radicais. Em dezembro daquele ano, foi instituído o governo constitucional e anunciada a reforma militar nos decretos presidenciais. Porém, Cáseres foi relegado a um cargo irrelevante na Chancelaria, o que, em princípio, não o desestimulou a organizar o Centro Militar para a Defesa da Democracia (Cemida). Depois, entretanto, a insatisfação com seu irrelevante enquadramento ao governo o impulsionou a partir para São Francisco, Califórnia, onde pôde atuar como cônsul-geral. Mesmo tendo partido, Cáseres deixou o plano que tomou emprestado seu nome – "Projeto Cáceres"–, que abordava, de forma técnica, orientações sobre a reforma militar da plataforma da UCR. Tais diretrizes sugeriam a constituição de um "escalão superior" formado pelo Ministério da Defesa e pelo Estado Maior Conjunto, que seria responsável pela garantia de uma unidade de concepção, mando e controle estratégico do poder militar, e, ademais, por integrar, em um único corpo, as três forças. Isso tudo deveria se manter subjugado por uma rígida estrutura administrativa e logística. Consciente da resistência de seus ex-colegas de caserna, Cáseres advertia sobre a necessidade de uma firme decisão política por parte do Executivo. Quando sentiu que não havia encontrado satisfatório respaldo de Alfonsín, não teve dúvidas em relação a apelar ao Congresso Nacional, em busca de compreensão e apoio para

[20] Para Fontana (1990, p.160-1), os dois espaços diferem entre si apenas pelas temáticas que os configuram, os atores que neles intervêm e o grau de conflito ou desencontro que se produz entre tais atores. Porém, em termos gerais, os dois âmbitos não se dividem, até porque um influencia a configuração do outro. Ele enquadra no plano político: temas de subordinação das Forças Armadas ao poder político; sua missão específica, suas atribuições e a revisão do passado. Nesse plano, os atores interagem segundo suas identidades e ideias políticas, apresentando alto grau de conflito, difícil de gerenciar ou dissolver. O plano burocrático-administrativo abarca os temas de administração da instituição militar: o planejamento de cursos, a participação dos estados maiores na definição da política de Defesa, a definição dos conteúdos e canais institucionais de educação militar, as decisões sobre ascensão e aposentadoria do pessoal militar, a determinação de salários etc. Os atores desse cenário configuram-se pelo rol institucional (Ministério da Defesa, Poder Legislativo, comissões parlamentares etc.). O nível de conflito nesse espaço é menor que no primeiro antes descrito.

efetivar seu projeto. Seu objetivo era: alcançar uma nova moral, redimensionar e recompor as FFAA; integrar as três forças unificando as Doutrinas e contribuindo para a constituição de um Estado Maior Conjunto que integraria os Comandos, de forma subordinada; modernizar a tropa para os novos desafios; radicalizar as estruturas orgânicas "desburocratizando-as" e eliminando a "macrocefalia". A partir da realização desses objetivos, pensar-se-ia em uma nova Constituição e em uma nova Lei de Defesa que dirimisse a anacrônica Lei de Segurança Nacional (1990, p.128-9).

Apesar das dúvidas de Alfonsín e de seu ministro da Defesa, Raúl Borras – os quais, segundo Druetta (idem, p.130), "ou possuíam planos de naturezas diversas ou não possuíam plano algum", uma vez que declaravam considerar a questão da reforma muito complexa, não se sentindo capazes de pô-la em andamento[21] nesse governo –, o Executivo efetuou importantes mudanças, que se deram, mais precisamente, entre os anos de 1983 e 1984. Alguns exemplos são oferecidos pela reforma do Código de Justiça Militar, pela desmilitarização das atividades do Estado e pela reestruturação do Ministério da Defesa, para que este estabelecesse a subordinação das Forças Amadas à autoridade constitucional. Para isso, os seguintes atos foram executados: a função do comandante em chefe de cada Força foi suprimida e transferida ao presidente, em seu caráter de comandante em chefe das três Forças. Parte das prerrogativas dos cargos extintos foi repassada ao Ministério da Defesa, bem como a destinação das forças, ascensões, afastamentos, atribuições disciplinares etc. Além disso, o governo transferiu à jurisdição do Ministério da Defesa o conjunto de empresas que cada Força administrava de forma autônoma; suprimiu a dependência da *Gendarmeria* ao Exército e da *Prefeitura* à Armada, fazendo que passassem a depender diretamente do Ministério da Defesa. Mesmo com a retirada de duzentos militares do Serviço de Inteligência da Nação, que foi visto por Fontana (1990, p.170) como uma tentativa de desmilitarização, os militares continuaram comandando as atividades dessa esfera até o governo de Menem, como lembra Zaverucha (1994). O primeiro projeto de uma Lei de Defesa compatível com as exigências democráticas foi apresentado ao Congresso em maio de 1984, pela bancada peronista, defendendo a Defesa Nacional como a atividade realizada para superar controvérsias que envolviam o emprego das FFAA. Buscou-se estabelecer uma distinção entre Defesa Nacional e Segurança Interior, o que não obteve êxito

[21] Baseado em relato de Luis Tibileti (Cuestionado, n2, Bs.As., jun. 1986), Druetta diz que Borrás "esfriava o ímpeto reformista" e que a única ação notável praticada pelo então ministro foi mediar o conflito entre o Executivo e o Senado para firmar um acordo de ascensão de coronéis e generais responsabilizados por violações aos direitos humanos e despedir, um mês antes de sua morte, o titular do Estado Maior Conjunto. O novo titular, general Fernández Torres, terminou definindo que a doutrina militar seria baseada na hipótese do "inimigo interno", como defendeu antes de renunciar.

no primeiro momento. O maior mérito desse documento foi a abertura da discussão sobre Defesa ao parlamento, provocando o debate sobre como combater o autoritarismo, herdado do regime anterior. Em 1985, o partido do governo enviou ao Congresso outro projeto de Lei de Defesa, duramente criticado por atribuir pouco poder decisório ao parlamento, ou seja, por centralizá-lo, exclusivamente, no âmbito do Executivo, contrariando o documento peronista. Segundo Druetta (1990, p.132), o problema mais grave do projeto residia nas definições Doutrinárias sobre Defesa Nacional, uma vez que esta novamente confundia Defesa com Segurança Nacional. Em julho daquele ano, o presidente proferiu um discurso em que retomou princípios do "Projeto Cáseres", entre eles a necessidade de acabar com o intervencionismo militar na política interna e a urgência da dissolvição da DSN, já que a situação a ser desmontada configurava uma enfermidade, a qual, no passado recente, fora responsável pela derrota das Malvinas, e para a qual, naquele instante, a cura seria unicamente viabilizada por uma "real e verdadeira reforma militar".

Até aqui, já é admissível inferir que o processo de construção da supremacia civil durante o governo Alfonsín constituiu avanços e retrocessos que, em dado momento, pareciam alcançar êxito para, depois, voltar ao ponto inicial. Parece-nos que esse vaivém trouxe dúvidas e incertezas que refletiam o conflito de interesses internos e a contradição na situação dos militares argentinos, por serem, ao mesmo tempo, sujeitos da Defesa e sujeitos jurídicos, submetidos a juízos pela atrocidade da ditadura.

Mas, talvez, o objetivo mais diretamente levado a cabo, independentemente do vaivém de outros aspectos, foi exatamente a investigação das violações dos direitos humanos e o juízo dos principais responsáveis, o que, por sua vez, provocou uma série de problemas disciplinares representados pelos levantes de 1987 e 1988. O primeiro desses, denominado "levante da Semana Santa", alcançou o recuo do processo constitucional diante das demandas das FFAA como instituições e ante algumas imposições de grupos militares desobedientes da hierarquia da corporação – aqueles conhecidos como "cara-pintadas". Para Fontana (1990, p.167), esses grupos emergiram pelo fato de que tanto o governo como a oposição e a sociedade, em geral, perderam de vista os objetivos e a natureza da reforma. A ausência de propostas críveis e viáveis para a profissionalização e a inserção das FFAA fez que oficiais rebeldes saíssem em busca de canais adequados para expressar suas demandas. Assim, segundo este autor, a falta de sucesso do governo Alfonsín, nesses temas, deveu-se à falta de institucionalização e normatização do plano burocrático-administrativo. Ainda assim, grande parte dos militares continuava em situação de debilidade e desconcerto, por causa do trauma causado pelo episódio das Malvinas. Isso, em parte, colaborou para o sucesso de algumas medidas tomadas entre os anos de 1986 e 1988, por exemplo, a Lei de Obediência Devida. Enfim,

Alfonsín iniciou seu governo anunciando o fim da autonomia militar, mas, no ato final, ficou visível a incapacidade de frear a ação do núcleo intervencionista e autoritário dos militares. Para López (2001, p.109), mais do que a qualquer outra coisa, isso se deveu à falta de um pacto "que funcionasse como moderador, fixando limites últimos da convivência e do conflito civil-militar".[22]

De todos os modos, mesmo admitindo que os logros do governo de Alfonsín tenham sido escassos, seguramente eles foram mais significativos do que os buscados durante a administração de Sarney no Brasil. O governo de Sarney, fruto de negociações entre civis da aliança democrática e de líderes militares, como observa Eliézer Rizzo de Oliveira (1994, p.106), representa o deslocamento das FFAA do centro do poder político para um quadro "de tutela sobre o governo civil". O aparato militar teve seu espaço mantido durante o governo Sarney, sendo-lhe permitido influenciar nas decisões governamentais civis (ibidem, p.111). A presença do ministro do Exército, general Leônidas Pires Gonçalves, ao lado do presidente José Sarney, "emitindo opiniões não apenas de sua pasta, mas de todos os assuntos que considerava de importância", elucida a condução do jogo político por parte dos militares, como observou Shiguenoli Myiamoto (1995, p.450). Mesmo a tarefa atribuída a Sarney, de estabelecer uma nova Constituição compatível com as exigências democráticas, foi compartilhada com os militares.[23] Como resultado, a Constituição de 1988, sem ironia (o que não deixa de ser irônico), não obstante ser chamada de "cidadã", acabou mantendo, por meio de artigos vagos e ambíguos, a função interventora dos militares. É o caso do artigo 142. As questões relativas à Defesa e à Segurança foram tratadas de modo disperso na Carta Constitucional, tal como a responsabilidade sobre o encaminhamento delas. Por exemplo, pela Constituição, é atribuída à União a primazia no tratamento e no encaminhamento das questões da Defesa. É de sua responsabilidade assegurar a Defesa nacional (art. 21, III), no que condiz à autorização do trânsito de tropas estrangeiras pelo território nacional ou à permanência temporária delas (art. 21, IV), bem como adotar medidas nacionais previstas na Constituição para tratar das ameaças ou situações internas que comprometam ou envolvam questões de Segurança e Defesa Nacional, a saber: o estado de sítio, o estado de Defesa e a intervenção federal (art. 21, V). O emprego das Forças Amadas como instrumento da Lei e da Ordem é da responsabilidade do presidente da Nação, por iniciativa própria ou a pedido de qualquer dos poderes constitucionais, por meio do presidente do Supremo

[22] Zaverucha (1994, p.87) diz que, nesse sentido, o fim do governo de Alfonsín, assim como o governo de Sarney, apresentou, por definição, um quadro de tutela.

[23] Na prática, essa "tutela" militar traduziu-se em "pressões de diversas ordens sobre o Congresso Constituinte, envolvendo interesses sobre as definições da função constitucional, o regime presidencialista e o mandato presidencial" (Oliveira, 1994, p.122).

Tribunal Federal, do presidente do Senado Federal ou do presidente da Câmara dos Deputados no âmbito de suas respectivas áreas. A atuação das FFAA ocorrerá de acordo com as diretrizes do presidente, depois de esgotados os instrumentos destinados à preservação da ordem pública, à incolumidade das pessoas e do patrimônio, relacionados no artigo 144 que trata da Segurança Pública. Esta é a principal brecha deixada pela Constituição Federal. Por ela, qualquer instância pode tomar a iniciativa de convocar as FFAA. Ademais, as possibilidades de convocação são amplas, podendo descaracterizar sua missão essencial. Deparado com a incapacidade de solucionar os graves problemas que envolvem a segurança pública, o governo brasileiro, fazendo eco sobre o clamor das classes médias urbanas, vem golpeando cada vez com mais frequência as portas dos quartéis, como se de lá surgissem soluções mágicas para a repressão do tráfico de drogas e do crime organizado.[24]

Em linhas gerais, Alfonsín inicia seu mandato sob o signo da reforma rumo à democracia. O fato de haver alcançado sucesso ou não, e de ter convivido com o refluxo "da maré militar", para usar as palavras de Moraes (2000, p.278), é menos importante que a existência de propostas, de discussões e de uma oposição ativa que luta pela reformulação das questões da Defesa e pelo aumento do controle civil. Por isso, atrevemo-nos a dizer que em 1983 se inicia um processo para recuperar a democracia argentina e para redefinir as relações institucionais do Estado. Levando em conta que as bases institucionais não se constroem por decretos formais, mas que resultam da cristalização de uma correlação de forças que depende da vontade política e dos valores de uma sociedade, assim como do esforço de seu governante para conduzir o país atento a essas variáveis, podemos dizer que o maior triunfo de Alfonsín consistiu não somente na efetividade de suas propostas, mas no fundamental cultivo de ideais democráticos. Se, por um lado, dizemos que na Argentina um Ministério da Defesa aguardava por sua reestruturação e reformulação, no Brasil, esse Ministério haveria de aguardar mais de uma década até ser inventado.[25] Enquanto a Argentina convivia com um resíduo de autoritarismo militar, implantando políticas para melhorar e assegurar o controle civil, o Brasil mantinha-se submergido em um visível pacto da sociedade, que avançava a uma situação de constante tutela militar, apontando sinais quase invisíveis de progresso na subordinação das FFAA. Sarney deixa o governo garantindo o atendimento de todas as demandas militares, como o não julgamento do período de exceção e a preservação da autonomia militar, com baixo grau

[24] Sobre essa questão, ver Saint-Pierre & Winand (2006).

[25] Além dessas questões, vale ressaltar outro problema comparativo entre Brasil e Argentina: enquanto no Brasil de Sarney havia um respaldo do governo ao prosseguimento do Programa Nuclear Paralelo (PNP) sob direção das Forças Armadas, na Argentina já se lançavam iniciativas para desmilitarizar a indústria bélica e desmontar o Projeto Condor I e II.

de autoridade presidencial sobre o aparato militar – confirmando, assim, do quadro de tutela –, a garantia do controle militar sobre o Programa Nuclear Paralelo (PNP) e a manutenção de um Ministério para cada força singular (Oliveira, 1994, p.189). Apenas no ano de 1991, seria aprovada pela Câmara de Deputados, depois de duras negociações, a Lei Complementar sobre as FFAA que corrige alguns daqueles desvios constitucionais.

Portanto, o primeiro governo civil foi estabelecido por um processo negociado e firmemente tutelado pelos militares, não significando o marco cronológico da construção da supremacia civil na pós-ditadura. Aliás, por algumas modificações ocorridas no governo de Collor – primeiro presidente eleito por voto direto –, podemos dizer que esse marco define-se somente no início da década de 1990. Ainda que uma das mudanças demarcatórias tivesse sido a Lei Complementar – comentada antes –, houve outras mais significativas. O presidente Collor reduziu relevantes prerrogativas militares ao promover mudanças no Gabinete Militar, no Estado Maior das FFAA (Emfa) e na área de inteligência. Extinguiu o Serviço Nacional de Informações (SNI) criando, em seu lugar, a Secretaria de Assuntos Estratégicos (SAE); aboliu o *status* ministerial do Emfa e do Gabinete Militar, contribuindo para a desmilitarização do nível superior de deliberação do poder do Estado e da administração do Planalto. Ademais, Collor tratou de desarticular o Programa Nuclear Paralelo (PNP), desmilitarizando o setor científico e tecnológico. O governo Collor significou uma nova fase da dialética "ruptura e continuidade", pois, ao mesmo tempo que promovia mudanças consideráveis, não conseguiu extinguir os três ministérios das forças singulares. Estas últimas dissuadiram o presidente, usando, entre outros, o argumento de que a criação do Ministério da Defesa só era compatível com o parlamentarismo.

No entanto, havemos de reconhecer que Collor foi prudente na escolha dos ministros militares, uma vez que buscou líderes aptos a estabelecer uma negociação conciliatória com o governo: as pressões de Mário César Fores (Marinha), Caros Tinoco (Exército) e Sócrates Monteiro (Aeronáutica) abandonaram o aspecto institucional e incorporaram um caráter de associação. O perfil desses ministros não estava vinculado ao regime militar, nem ao quadro tutelar do governo anterior. Não obstante o bom comportamento dos ministérios, Collor deixou em aberto o problema da "crise de identidade militar", decorrente da adaptação das funções militares às demandas do pós-Guerra Fria, gerando novos conflitos que poderiam, de outra forma, comprometer a democracia. Os novos papéis atribuídos às FFAA causam alterações nas condições institucionais, materiais e políticas delas, criando um sentimento de rechaço no interior da caserna. Ademais, as duas hipóteses de conflito que condicionavam o preparo e o emprego militar – a Argentina como inimigo externo e a comunismo como inimigo interno – foram descartadas com o advento da nova ordem (globalista, regionalista e cooperativista). Collor foi retirado do governo sem que ficassem claramente definidas as novas atribuições das FFAA, o que permitiu o agravamento gradual das tensões no seio delas. A crise político-institucional do governo Collor, que terminou no *impeachment* do presidente, foi uma experiência que testou a vocação intervencionista dos militares, uma vez que a fragilidade da situação era a condição ideal para uma interferência e ela não ocorreu. No entanto, foi sobre o governo de seu sucessor, Itamar Franco, que os reflexos da crise interna incidiram de maneira mais perceptível. A autoridade presidencial sobre as FFAA, em parte recuperada por Collor, foi rapidamente perdida no governo Franco, o que permitiu a abertura de forte luta política em torno da definição dos ministros militares. Finalmente, como resultado dessa luta, os ministros Flores, Tinoco e Monteiro foram substituídos pelo almirante Ivan Serpa, pelo general Zenildo Lucena e pelo brigadeiro Lélio Viana Lobo, assinalando o jogo de mudanças entre o esquema político e militar. Dessa maneira, como afirma Rizzo de Oliveira (1994, p.314), o governo de Franco significou o retorno a um quadro de tutela.

Poderíamos dizer que Collor superou a situação de "inércia" característica da era Sarney, dando início a um processo de idas e vindas do jogo autonomia *versus* subordinação, que inclui a larga indecisão em torno da criação do Ministério da Defesa. A criação deste foi amplamente combatida pelas três Forças nos trabalhos da Assembleia Constituinte, possivelmente porque as forças que defendiam a criação associavam-na à possibilidade de restringir a autonomia militar e favorecer o equilíbrio entre as forças. No governo Collor, a postergação da criação do Ministério da Defesa esteve associada menos à questão da autonomia e do equilíbrio entre as forças do que à questão da crise de identidade vivida pela instituição. Apesar de o fim da Guerra Fria prenunciar novos tempos e novas prioridades para a Defesa, era impossível que os militares revisassem do dia para a noite seus valores, seus conceitos políticos e estratégicos historicamente construídos. Enquanto permaneceu obscuro o entendimento sobre a missão, papel e função das FFAA, na nova era, não houve atualização da Doutrina militar, nem de seu comportamento. Por isso, às vezes, os militares mostravam-se em desacordo em relação às novas missões que lhes eram atribuídas. Por outro lado, as décadas de preparo para o combate ao inimigo interno (missão prioritária durante a ocupação ilegal do governo) conduziram ao estacionamento da logística no plano nacional, o que, no transcurso da criação do Ministério da Defesa, seria transformado. Exceção digna de menção é o comportamento do almirante Flores, que, talvez guiado por um pensamento liberal, abriu ao público as instalações nucleares da Marinha, quando era ministro da força. Além disso, foi um entre os raros militares que defenderam a criação do Ministério da Defesa, mesmo acreditando e advertindo que o controle civil das FFAA dependia menos da criação desse órgão do que da eficiência do Estado democrático e da mentalidade da sociedade. De forma geral, acreditava-se que o Ministério seria uma consequência natural das necessidades militares e de uma política de Defesa que as satisfizessem. Sobre esse argumento, as Forças defendiam que não se poderia criar um Ministério da Defesa antes de já estarem previamente definidas sua estrutura e organização, bem como formulada uma política nacional de Defesa.

Tal resistência militar a mudanças, somada à falta de uma clara proposição civil e à confusão que recaía sobre o conceito de Defesa, colaborou para que o Brasil constituísse uma exceção: enquanto, em diferentes partes mundo, a criação dos Ministérios da Defesa passou a acontecer logo após a Segunda Guerra Mundial, no Brasil dever-se-ia esperar o crepúsculo do século XX para se contar com um. Sob controle de um ministro civil – peça meramente decorativa – o Ministério da Defesa contou e conta com barreiras duvidosamente transponíveis para sua consolidação.

Assim como o histórico das discussões e dificuldades que pesavam sobre o Ministério da Defesa não permitia nutrir expectativas democráticas com relação a ele, o processo de sua criação permite compreender a fragilidade congênita de sua funcionalidade como canal de controle civil sobre as Forças Armadas. Em primeiro lugar, porque o presidente Fernando Henrique Cardoso, apesar de ex-acadêmico, no momento de conceber o futuro do Ministério da Defesa, em vez de recorrer à academia, solicitou ajuda do ministro do Estado Maior das Forças Armadas (Emfa), general Benedito Onofre Leonel. Em segundo lugar, pela ignorância e pelo descaso da sociedade civil, em todas as discussões formais sobre a instituição do órgão, a opinião militar foi supervalorizada e a presença de "uniformados" foi maciça. Como observou Zaverucha (2005, p.215), o próprio deputado Benito Gama, redator do Projeto da Emenda Constitucional (PEC), que instituía o Ministério da Defesa, declarou que este seria uma espécie de "rainha da Inglaterra": reina, mas não governa. Além disso, o presidente Cardoso não logrou nomear Ronaldo Sardemberg como ministro e, cedendo à contestação dos militares, partiu em busca de outras alternativas, sob a orientação daqueles que, depois de tudo, haviam sido os criadores do órgão.

Na Argentina, a era Menem (1989-1999) foi marcada pela reformulação estratégica, pela delimitação das políticas de Defesa e segurança e pela acomodação das relações entre civis e militares aos objetivos da política exterior (Llenderosas, 2001, p.119). Como já havia passado por uma significativa reforma burocrático-administrativa, no âmbito dos setores responsáveis pela Política de Defesa Nacional, a Argentina sentia-se preparada para adaptar-se às exigências da nova internacional, por isso, no mesmo período em que o Brasil nem imaginava reformas daquele tipo, a Argentina revisava sua concepção estratégica, buscando a adaptação do instrumento militar às necessidades da política externa do Estado, pondo em marcha a modernização e a profissionalização militar. Assim, a adequação das FFAA como ferramenta da política exterior as legitimava novamente diante da sociedade argentina, ao mesmo tempo que melhorava sensivelmente a imagem do país no exterior. Os avanços na pauta da Defesa, alcançados durante a administração Menem, podem ser constatados pelo estabelecimento de um conjunto de normas que renovavam os objetivos da Defesa Nacional. As propostas partiam da Diretoria para a realização do Planejamento Militar Conjunto, criado pelo decreto n. 1.116/96. A reforma na estrutura da Defesa pode ser percebida também na supressão de diversos organismos administrativos, no intento de reduzir gastos e na privatização da indústria do ramo bélico. Um plano definitivo de modernização era vislumbrado pela associação entre o Ministério da Defesa e o Estado Maior Conjunto (EMC), mas foi realmente posto em prática depois da sanção da lei n. 24.948 de Reestruturação Militar, em março de 1998, que estabeleceu as bases políticas, orgânicas e funcionais para essa reestruturação e fixou um mecanismo de controle civil sobre a reforma: a Comissão Parlamentar de Seguimento da Reestruturação Militar, que comprometia o Congresso Nacional na fiscalização. Isso impulsionou a promoção, por parte do Ministério da Defesa, do Sistema de Reestruturação Militar que contava com o EMC, com um Comitê de Reestruturação e com dez Grupos de Trabalho, compostos por civis e militares. Essa estrutura marcou, normativamente, qual seria, a partir de então, o jogo de tomada de decisão sobre as questões da Defesa. Essas mudanças reforçavam a subordinação formal às autoridades civis, o que não garantiu objetivamente o Comando civil. Por um lado, a diferença de formação dos poucos funcionários civis gerou desentendimento entre eles e os funcionários militares, o que dificultou a condução de políticas. Por outro lado, como a política de Defesa permaneceu subordinada à política exterior, a ocorrência de uma série de intrigas e diferenças entre as burocracias, pela divisão de trabalho, dificultou a devida articulação entre o Ministério da Defesa, a Chancelaria e o EMC, que acabou debilitando o Ministério da Defesa e reduzindo as possibilidades concretas de exercício do controle civil.

Em 1996, no Brasil, também com o objetivo de adaptar a Defesa ao novo sistema internacional, foi divulgado o primeiro documento sobre Política de Defesa Nacional. Esse documento buscou instituir um consenso sobre a planificação da Defesa, assim como centralizar a administração da Defesa do Brasil, sob o controle civil, uma vez que ela era coordenada pelos três Ministérios de cada arma singular, pelo Emfa e pelo Gabinete Militar da Presidência. Também relacionada a esses objetivos, deu-se a criação, em maio de 1996, da Câmara de Relações Exteriores e de Defesa Nacional (CREDN) no seio do Conselho de Governo, reunindo também o Ministério das Relações Exteriores, o Ministério da Justiça, da Casa Civil e a Secretaria de Assuntos Estratégicos (SAE). Em setembro do mesmo ano, a recém-criada Câmara elaborou um documento público que pomposamente se denominou "Documento de Política de Defesa Nacional" (DPDN). De acordo com o próprio Ministério, a reformulação da Defesa brasileira pautou-se na ideia de "aperfeiçoar o sistema de Defesa Nacional, formalizar uma política de Defesa sustentável e integrar as três forças, racionalizando suas atividades".[26] Também fizeram parte dos objetivos dessa reformulação o alcance da transparência e da democracia no debate referente ao tema, uma maior articulação entre civis e militares e, também, entre as FFAA e o Itamaraty. Os estudos para a formulação do órgão administrador da Defesa do país tomaram por base os casos dos Ministérios da Defesa da Alemanha, Grã-Bretanha, França, Espanha, Itália, Argentina, do Chile, dos Estados Unidos e de Portugal, levando em conta algumas semelhanças entre esses países e o Brasil, como extensão territorial, população, efetivos das FFAA etc. Porém, a concretização do Ministério somente ocorreu em 10 de julho de 1999,[27] no segundo mandato do presidente Cardoso, quando já eram raros no mundo os países que ainda não reuniam suas três Forças sob um mesmo órgão subordinado ao Poder Executivo.[28]

Até que o Ministério destinado à pasta da Defesa fosse definitivamente criado, coexistiram no Comando da Defesa: o ministro extraordinário da Defesa – representado pelo senador Élcio Alves, nomeado seis meses antes da institucionalização do órgão, pelo qual seria responsável; os três ministérios de cada força; o ministro da Casa Militar da Presidência e o chefe do Emfa. Depois da instituição do novo ministério, o Emfa foi extinto, os três ministérios correspondentes a cada arma foram transformados em Comandos e a Casa Militar transformada em subchefias do Gabinete de Segurança Institucional.

A criação do Ministério da Defesa não deixou de significar um avanço na democratização da área e a subordinação militar, já que:

1. No nível discursivo, o Ministério apontou como o marco "formal" da existência de uma política civil de Defesa, uma vez que antes de sua criação reinava completo descaso civil com esse setor que, aos olhos

[26] www.defesa.gov.br

[27] Conforme lei complementar n.97, de 9 de junho de 1999; medida provisória n.1.799-6, de 10 de junho de 1999; e decreto n.3.080, de 10 de junho de 1999; e posteriormente, conforme complementação pela emenda constitucional n.23, de 2 de setembro de 1999 e pela portaria n.2.144/MD, de 29 de outubro de 1999.

[28] De acordo com estudos realizados pelo Emfa, no período que vai de 1995 a 1996, entre 179 países, apenas 23 não possuíam um Ministério da Defesa e entre estes encontrava-se o Brasil que, distintivamente da grande maioria em situação semelhante, possuía dimensões políticas e extensão territorial que geravam uma demanda por Forças Armadas treinadas, estruturadas e organizadas.

de muitos, deveria ser de competência exclusiva dos militares;[29] – e ainda hoje não são poucos os que pensam desse modo;

2. Melhorou a imagem do país na comunidade internacional, uma vez que o fato de a Defesa ser conduzida por militares não era bem-visto nem pelas entidades reguladoras e controladoras dos regimes internacionais de não proliferação, nem pelo Conselho de Segurança da Assembleia das Nações Unidas, para quem o Brasil lançara uma candidatura visando à ocupação de um assento;
3. Permitiu a nivelação e uma notável melhora no diálogo internacional sobre Defesa (pois, como seria possível estabelecer o diálogo da comunidade internacional com cinco ministros militares?), visto que as novas visões cooperativas e comunitárias características da ordem da "interdependência recíproca" requeriam uniformidade dos canais de interlocução, como garantia de que o tema fosse tratado com base em valores e interesses comuns.[30]

Apesar desses inegáveis avanços, ainda persistem prerrogativas que dificilmente serão abandonadas pelos militares, assim como ilhas de autonomia diante do poder civil. Esses aspectos colocam em questão a efetiva consolidação institucional do Ministério da Defesa, soberano sobre as FFAA e de constituição especificamente civil. Outro agravante com relação à situação do Ministério diz respeito a sua capacidade de cumprir com as metas colocadas durante o governo de Fernando Henrique Cardoso, quando se propôs a reformulação das bases da Defesa Nacional. O fato é que o primeiro e tão esperado documento, o DPDN de 1996 – que pode ser classificado como mera carta de intenções, ampla, vaga e genérica –, não cumpriu com os objetivos que norteavam a revisão da Defesa, gerando discussões que perduram até o momento atual, no governo de Lula da Silva. Por isso, em 30 de julho de 2005, pelo decreto n. 5.484, foi aprovado o novo documento de Política de Defesa Nacional, cujo conteúdo autodeclarou-se ser o "condicionante de mais alto nível de planejamento de Defesa, tendo por finalidade estabelecer objetivos e diretrizes para o preparo e para o emprego da capacitação nacional, com envolvimento dos setores militar e civil, em todas as esferas do Poder Nacional".

[29] Apesar de denotar o revigoramento do interesse civil pelo tema, a verdade é que a Defesa não está totalmente desmilitarizada, do ponto de vista de quem a articula.

[30] O que não solucionou, no todo, o problema. Como aponta Flemmes (2004, p.17), na primeira conferência sobre cooperação em Defesa entre Brasil e Argentina, ocorrida após a criação do Ministério da Defesa do Brasil, enquanto a delegação argentina era composta por quatro civis e cinco militares, a delegação brasileira contava com cinco militares e apenas um diplomata civil, denotando, por um lado, a manutenção da preponderância dos militares no núcleo de debate da Defesa e da Política Externa e, por outro, o desequilíbrio no diálogo brasileiro-argentino devido a tais diferenças.

O documento, porém, abre novas concessões aos militares, do começo ao fim. Apesar de aparentemente anunciar uma nova era nas relações entre civis e militares – caracterizada pela sintonia, pelo respeito ao jogo democrático e pelo intercâmbio de valores e visões –, a reformulação do DPDN não dirimiu a supremacia dos valores militares na formulação da Defesa do Brasil, tampouco a ativa participação política deles. Se o lacônico documento anterior era negligente com relação à definição sobre as situações que permitiriam o emprego das Forças em questões internas, este supera sua deformação, abrindo, claramente, as portas para a intervenção militar nesses assuntos. A saliência militar e sua participação em deliberações relativas a assuntos da Defesa são taxativamente denunciadas pela própria estrutura do Ministério da Defesa, em que apenas o ministro da Defesa, o chefe de seu gabinete e alguns diretores – entre os cargos principais da estrutura do Ministério – são civis.[31] O presidente da República tem a prerrogativa de nomear seus ministros, incluindo o da Defesa, mas isso não acontece sem o prévio consentimento – ainda que informal – dos chefes militares. Em algumas das secretarias do Ministério, existem cargos ocupados por civis, o que não chega a caracterizar o Ministério como civil, uma vez que o exercício de um civil no posto de ministro não garante o mando sobre as FFAA, como não sustenta o controle civil da estrutura da Defesa Nacional. A autonomia das FFAA estende sua participação em todos os órgãos e gabinetes da estrutura da Defesa Nacional, tanto em funções de assessoria do presidente e em sua participação no Conselho da República e no Conselho de Defesa Nacional quanto nas funções de assessoria no parlamento e nas Comissões de Defesa Nacional do Congresso Nacional.

Parece-nos que o projeto de reestruturação das bases da Defesa do Brasil, durante o mandato de Fernando H. Cardoso, foi elaborado dentro daquilo que o Emfa entendeu como adequado à permanência da autonomia política das FFAA. Na verdade, criou-se um novo ministério militar, porque os comandantes das Forças mantiveram suas funções de poder (continuam sendo membros natos do Conselho de Defesa Nacional e não perderam o *status* de ministros). Ademais, o Senado foi a eles reservado como fórum de processo e julgamento, o que é uma exclusividade concedida ao presidente da República e aos ministros de Estado.[32] De qualquer modo,

---

[31] Ver: Organograma do Ministério da Defesa: <www.defesa.gov.br>.

[32] De acordo com Fucille (2002, p.4): "Dadas as peculiaridades e singularidades da profissão militar, ao lado do forte *sprit de corps* que a instituição possui, muitas vezes o controle/supremacia civil tem sido dificultado em nome de um conhecimento tecnocrático exclusivo que leva os militares a reclamarem autonomia frente a todo controle externo. Aqui entra um problema fundamental. Mais do que apenas verificar se um dado país possui ou não um Ministério da Defesa, há que se estar atento aos moldes deste, ou seja, que áreas são por ele efetivamente controladas e com civis à frente".

a existência de um Ministério da Defesa, mesmo que repleto de civis, não é garantia de não intervenção militar na vida política. Como apontou Fucille (2002, p.4-5), recentemente, a região foi sacudida não por golpes militares, mas por graves crises político-institucionais, nas quais as Forças Armadas desempenharam destacado papel de "arbitragem", o que pode ser exemplificado pelos casos de Equador, Peru, Venezuela e Paraguai.

Talvez preocupado com os muitos aspectos relativos à área da Defesa, historicamente abandonados, a saber: a questão dos desaparecidos políticos durante a ditadura, a inevitabilidade do lançamento do DPDN, a exigência da transformação da profissão militar em carreira de Estado, a necessidade de efetivação de políticas setoriais (como o projeto "Calha Norte", o Sistema Integrado de Vigilância Amazônica – Sipam/Sivam), a precisão do desenvolvimento de um submarino nuclear, a urgência da atualização do parque bélico e da modernização das FFAA, além do ditame da criação do Ministério da Defesa etc.; Fernando H. Cardoso terminou não atribuindo a devida atenção ao problema das relações entre civis e militares, o que, porém, constituiria a base de todos os empreendimentos antes mencionados. Sem desprezar nem superdimensionar a importância dos avanços na área da Defesa, alcançados no governo desse presidente, acreditamos que pouco foi levado a efeito, já que não logrou a supressão de prerrogativas e da autonomia das FFAA, ou seja, pouco ou nada se avançou na busca da consolidação do controle civil sobre os fardados.

## A ATUAL SITUAÇÃO DA DEFESA DO BRASIL E DA ARGENTINA: RUPTURA OU CONTINUIDADE COM O LEGADO DA TRANSIÇÃO?

Alguns dos aspectos herdados dos processos de transição que podem corroer os pilares da democracia são: o resquício do autoritarismo que ainda habita as instituições castrenses e a tendência, também autoritária, das elites civis dirigentes a recorrerem, frequentemente, aos militares para resolver todas as premências nacionais; a ineficácia dos marcos jurídicos que regulam os temas da Defesa e da segurança; a falta de instituições (ou a debilidade delas) que administrem a Defesa segundo padrões democráticos (desde sua planificação até a execução de políticas e a busca de consensos); conservação de prerrogativas que favorecem o intervencionismo militar em questões civis; a pendência no âmbito dos direitos humanos; o desinteresse da opinião pública em assuntos referentes à Defesa nacional; a falta de apoio acadêmico e parlamentar para o desenvolvimento de políticas democráticas nesse campo etc. Cremos firmemente que o impacto desses problemas só seria amortecido por meio de uma reforma que considerasse os seguintes aspectos:

> a. A existência de um Ministério da Defesa plenamente civil e atuante, capaz de transmitir o mando presidencial e de assegurar o controle civil sobre as FFAA, centralizando todas as diretrizes nacionais da Defesa e definindo os critérios de comando para as três forças.
> b. A transparência e o controle político da administração e a planificação dos recursos destinados à Defesa.
> c. A geração de canais formais de intermediação com as estruturas parlamentares – necessários, aliás, para contemplação dos dois aspectos supramencionados.
> d. O estabelecimento de uma profunda discussão, que inclua o Ministério de Relações Exteriores, sobre os pressupostos básicos da Política de Defesa e sua sustentação aos objetivos de política exterior.
> e. A abertura de debates com a sociedade civil, a fim de cultivar sementes para a geração de uma "cultura de Defesa" democrática que rompa com a atualmente vigente "cultura de segredo" que, além de impregnar de autoritarismo essas questões, perpetua a ignorância da sociedade sobre temas essenciais a seu destino.
> f. A distinção inequívoca entre "Defesa" e "Segurança" e, feito isso, a delimitação peremptória da fronteira de exercício das FFAA – leia-se o condicionamento da ação delas ao âmbito específico da Defesa.
> g. O exercício pleno de comando sobre os setores de inteligência etc. (Manault, 2005, p.11-2).

Considerando esses princípios, examinaremos a seguir alguns aspectos que ainda correspondem a uma derivação dos processos de transição, presentes na condução da Defesa, tanto no Brasil como na Argentina. Nessa trajetória, trataremos de identificar os pontos que rompem com a dita "herança" e aqueles que a imortalizam.

## Estrutura

### *Definições:*

Na Argentina, onde possa soar "ingênuo" afirmar que o processo de construção do controle civil concluiu-se, é permitido dizer que a autonomia dos militares na estrutura do Estado foi expressivamente diminuída, graças às reformas que se iniciaram na década de 1980, como a lei n. 23.554 de 1988, que demarcou, precisamente, a raia conceitual entre "Defesa" e "segurança interior". Desde então, a "Defesa" consagrou-se como "a integração e a ação coordenada de todas as forças da Nação, para solucionar conflitos que requerem o emprego das Forças Armadas, em sua forma dissuasiva ou efetiva, para enfrentar agressões de origem externa".[33]

No Brasil, seja por incompetência, seja por falta de vontade política, não foi atingida uma clara distinção conceitual entre a Defesa e a Segurança, o que não é mero problema de semântica, mas de ordem operativa, porque é em decorrência disso que se estabelecem as missões das FFAA. No DPDN de 2005, esses conceitos foram assim definidos:

> I – Segurança é a condição que permite ao País a preservação da soberania e da integridade territorial, a realização de seus interesses nacionais, livre de pressões e ameaças de qualquer natureza e a garantia dos cidadãos ao exercício dos direitos e deveres constitucionais;
>
> II – Defesa Nacional é o conjunto de medidas e ações do Estado, com ênfase na expressão militar, para a Defesa do território, da soberania e dos interesses nacionais, contra ameaças *preponderantemente* externas, potenciais ou manifestas.[34] (grifo nosso)

Sem ânimo para discutir as "ameaças potenciais", que, por sua amplitude semântica, configura qualquer situação em qualquer momento, enfatizamos acima o advérbio "preponderantemente" porque é ele quem abre decididamente as portas para o emprego das FFAA na contenção de ameaças originadas externa ou internamente, podendo ser elas de qualquer natureza. Esse instrumento de intervenção sinaliza a ampliação das missões das FFAA, constituindo um perigoso retrocesso, ocorrido tão somente por mérito do governo Lula da Silva.

## *Constituição e Legislativo*

Na Argentina, é a lei n. 24.949 de 1998 que determina as bases políticas, orgânicas e funcionais para a reestruturação das FFAA; são também as leis n. 23.554 e 24.059 as que definem as missões das FFAA, ou seja, as que restringem sua atuação à Defesa dos interesses vitais da nação que possam ser ameaçados por agressões *externas*. A esta lei se somam outras complementares, como a Lei do Serviço Militar Voluntário de 1996 (que acaba com o serviço militar obrigatório), a Lei de Inteligência Nacional de 2001, que regula esses serviços, e a Lei Marco sobre o ingresso e egresso das tropas, de 2004 (Tibileti, 2005, p.11-2). Por sua vez, a "Segurança Interior", para a qual foi criado um ministério próprio, é regulamentada por uma lei particular, a lei n. 24.059 de 1992. O legislativo argentino, no uso de suas atribuições, pode declarar a guerra, aprovar ou revogar tratados, autorizar a

[33] Disponível em: <http://www.iugm.es/ADEFFAAL/index.htm>.
[34] Documento de Política de Defesa Nacional, 2005.
Disponível em: <https://www.defesa.gov.br/pdn>.

entrada de tropas estrangeiras, assim como a saída de forças nacionais; acionar as FFAA em tempo de paz ou de guerra, fixando normas para seu emprego e declarar estado de sítio. Ao Senado Nacional, compete apenas analisar e aprovar as propostas para ascensão dos oficiais superiores.[35]

No Brasil, o legislativo (composto pela Câmara dos Deputados e pelo Senado Federal) tem como competências fixar e modificar o número de efetivos das FFAA; ratificar tratados, acordos ou atos internacionais; autorizar o presidente da República a declarar a guerra ou celebrar a paz, autorizar a entrada e a permanência de tropas estrangeiras e aprovar iniciativas do Executivo referentes a atividades nucleares. O Senado Federal não tem atribuições relativas à Defesa e à Segurança. A Câmara dos Deputados elege os membros do Conselho da República que se pronunciam sobre intervenção federal, Estado de Defesa e Estado de Sítio.[36]

## *Ministério da Defesa*

O governo Lula herdou do governo Fernando Henrique Cardoso uma nova estrutura de administração da Defesa e de comando das FFAA: o Ministério da Defesa. Este último conseguiu – salvo todas as críticas antes colocadas – lapidar as diretrizes da Defesa do Brasil, por meio da atualização do primeiro DPDN, também herdado da administração Cardoso, o que não significou, no entanto, uma transformação substancial na dinâmica das relações entre civis e militares, que instituísse uma efetiva subordinação destes aos primeiros, como trataremos de mostrar em seguida.

É provável que a estrutura construída para edificação do Ministério da Defesa brasileiro não tenha colaborado para sua estabilidade, tampouco para a consolidação das relações entre civis e militares, sob os moldes da democracia. É certo que alguns postos de várias secretarias estão ocupados por civis, o que não basta para caracterizar o órgão como civil, já que é decisivo que seja alterada a relação de mando e obediência e se garanta um efetivo controle civil sobre as questões relativas à Defesa. A "renúncia" do ministro José Viegas, no ano de 2004, depois de um conflito entre ele e o comandante do Exército foi um veemente indicador da inferência que fazemos antes.[37] O ex-ministro Viegas, entretanto, teve papel muito destacado,

[35] Disponível em: <http://www.iugm.es/ADEFFAAL/index.htm>.

[36] Disponível em: <http://www.iugm.es/ADEFFAAL/index.htm>.

[37] De acordo com a *Folha de S.Paulo*, "a divulgação de fotos que supostamente mostrariam o jornalista Vladimir Herzog momentos antes de sua morte, nos estabelecimentos do DOI-Codi, provocou a crise entre o Palácio do Planalto e o Ministério da Defesa, o que levou ao pedido de demissão do ministro José Viegas" (*Folha de S.Paulo*, Brasil, 4 nov. 2004). Ver: <http://www1.folha.uol.com.br/folha/brasil/ult96u65505.shtml>. Antes que as fotos fossem dadas como falsas, o Exército divulgou uma nota elogiando as práticas adotadas durante o regime militar contra os militantes de esquerda. Segundo o periódico, "Lula ficou descontente

abrindo espaço a diversas questões da Defesa. Por exemplo, ao incentivar a cooperação regional, contribuiu de forma relevante nas discussões que geraram o novo documento da Defesa, ainda que este não tivesse sido publicado durante sua gestão. Viegas também se fez notável, inaugurando diálogos entre civis e militares, manifestos em numerosos discursos e conferências; e também na participação ativa e incentivadora nas reuniões de ministros da Defesa, as quais se deram muito mais frequentemente do que na gestão de seus sucessores, o que aponta para um novo retrocesso na trajetória civil rumo à solução das questões da Defesa no Brasil.

Apesar dos juízos que lançamos ao longo do texto, há de se dizer que a criação do Ministério da Defesa tornou mais assíduas as discussões sobre a problemática da Defesa, possibilitando debates que permitiram a elaboração de uma concepção estratégica harmônica com os novos tempos, tanto no que condiz ao âmbito regional quanto à ordem internacional, sintonizando a díade "Defesa e Política Externa". É possível notar também uma participação mais ativa do Ministério da Defesa e das FFAA, em encontros acadêmicos nacionais e internacionais, evidenciando o caráter crescente da preocupação pelo intercâmbio de ideias com civis e com militares de outros países. Por motivos óbvios, anteriormente à criação do Ministério da Defesa, ou seja, quando ainda atuavam cinco ministérios militares, a palavra intercâmbio só existia no plano quimérico; por um lado, pela falta de uma agenda única que representasse os interesses das três Forças e, por outro, pela dificuldade encontrada por aqueles que eram interessados em questões de Defesa – fossem nacionais ou estrangeiros –, em localizar um interlocutor compatível – leia-se um representante civil do pensamento nacional

---

com o teor da nota e criou-se a impressão de que Viegas não tinha autoridade sobre o Exército". Porém, em vez de repreender o comandante, pressionou para que o Ministro da Defesa "renunciasse" ao cargo, alegando a responsabilidade dele pelo mau comportamento do Exército, sendo que é o presidente, o superior das FFAA. Caso semelhante ocorreu em outubro de 2000: o presidente Fernando Henrique Cardoso tentou demitir o comandante do Exército, general Gleuber Vieira, mas foi pressionado pelas Forças Armadas a recuar de sua decisão, conforme relatou a revista *IstoÉ*: "Insatisfeito com as pressões da caserna por mais verbas e um imediato aumento salarial, ... Fernando Henrique resolveu demitir o comandante do Exército, general Gleuber Vieira. FHC não gostou de uma entrevista dada pelo general criticando a falta de verbas. Ele anunciou sua decisão em uma conversa com o ministro-chefe do Gabinete de Segurança Institucional, general Alberto Cardoso, e com o ministro da Defesa, Geraldo Quintão. A determinação repercutiu muito mal nos quartéis e foi considerada inaceitável por generais e coronéis. Antecedida de visitas do comandante do Exército a quartéis País afora, uma reunião em Brasília com todos os 155 generais, e sem convite a Quintão, foi o palco escolhido pelos militares para um desagravo a Gleuber Vieira e uma explícita manifestação de descontentamento com o governo e seu tratamento dispensado à Força. A pressão funcionou. Alertado pelo serviço de informação do Palácio do Planalto, Fernando Henrique desistiu da demissão e escalou o general Cardoso para atuar como bombeiro junto ao generalato. Ele informou aos colegas de farda que Gleuber não mais seria demitido e acertou que os militares não fariam nenhuma manifestação pública" (*IstoÉ* online: <http://www.terra.com.br/istoe/1620/brasil/1620mobilizacao.htm)>.

da Defesa. Isso, por seu turno, dificultava o estabelecimento de uma agenda regional para discutir cooperativamente as questões da Defesa.

Ainda sobre o empenho do Ministério da Defesa na adequação das FFAA ao papel que a política externa brasileira pretende para sua região geográfica, são louváveis as participações do Brasil em missões de paz. O mesmo elogio não pode ser feito quando tratamos das chamadas "missões subsidiárias" das Forças Armadas, uma vez que a continuidade da participação delas no combate ao crime organizado, no trabalho braçal para manutenção das estradas, em diversos serviços de saúde prestados às comunidades etc. desfigura a natureza essencial das FFAA – as quais deveriam ser reservadas e preservadas para suas missões precípuas –, até mesmo porque essa atuação indevida convida os militares a intervirem na cena política nacional.

Chamando à análise a República Argentina, observa-se que além de esta contar com um Ministério da Defesa décadas mais antigo que o brasileiro, ela conta, em sistema jurídico, com uma carta orgânica que não admite a atribuição de cargos a militares, exceto se estiverem na reserva e se não houver pessoal civil devidamente qualificado e preparado. A imposição desses critérios tem colaborado para que a Defesa seja conduzida, predominantemente, por mãos civis. Outro expressivo crédito que possui a Argentina e que lhe permite aspirar a um controle civil que fortifique a democracia é o fato de existir uma bem difundida cultura de Defesa, semeada pelo sistema educacional do país. Para Paz Tibiletti, prova disso é que a cada dia um número maior de jovens civis inscreve-se nos cursos oferecidos pela Escola de Defesa Nacional, permitindo que tanto o Ministério da Defesa quanto as comissões parlamentares destinadas à pasta possam contar com pessoal especializado e de caráter civil (2005, p.12). Porém, um significativo entrave posto ao sucesso da democratização da Defesa argentina nasce do fato de o Ministério da Defesa contar com assessoria do Estado Maior Conjunto (composto pelas três Forças e comandado por um oficial superior designado pelo Poder Executivo) para formulação da estratégia militar e da Doutrina, bem como da elaboração do pensamento militar conjunto, do adestramento da tropa, do controle operacional etc.[38] Isso pode ocasionar uma falta de visão crítica civil e a militarização do pensamento da Defesa, além do consequente enviesamento militar da execução de políticas.

## Orçamento

Como política pública, a Política de Defesa deve ser um tema claro e aberto para a sociedade; a última deverá exercer controle sobre a primeira, com

[38] Conforme artigos 16, 17, 18 e 19 da Lei de Defesa Nacional. LÓPEZ, E. Argentina. Disponível em: <http://www.iugm.es/ADEFFAAL/index.htm>.

a compreensão e o discernimento exigidos pela sensibilidade do tema em questão. A Argentina publica desde 1999 seu "Livro Branco da Defesa", que foi atualizado no ano de 2001 e encontra-se já no aguardo de nova atualização. Além disso, nosso vizinho possui uma Comunidade de Defesa ativa e atenta que acompanha e divulga o resultado do trabalho das comissões temáticas da Defesa no Congresso Nacional. O Brasil, por sua vez, possui como único documento público sobre Defesa o já mencionado DPDN, que expõe de modo genérico e impreciso as intenções do país no âmbito da Defesa Nacional. Por conta dessa omissão documental, é muito difícil ter informações sobre os gastos relativos à pasta, o que também nos difere da Argentina, que chegou a estabelecer com o Chile uma metodologia comum para comparação dos gastos da Defesa.

O planejamento da Defesa Nacional brasileira nasce nas unidades militares. Na caserna, são elaboradas as propostas de orçamento que serão encaminhadas às instâncias responsáveis pelo aprovisionamento de cada Força, as quais aprovam ou alteram o planejamento, de acordo com diretrizes advindas do Comando competente e do Ministério da Defesa. Na Marinha, esse papel pertence à Diretoria de Finanças da Marinha (DFM); no Exército, à Secretaria de Economia e Finanças (SEF); e na Aeronáutica, à Secretaria de Economia e Finanças da Aeronáutica (Sefa). Os comandantes de cada Força encaminham as propostas finais ao Ministério da Defesa, a quem compete, nos termos da lei complementar n. 97/99, anuir o orçamento das FFAA. Após o deferimento das propostas, o projeto de orçamento é enviado à Comissão de Relações Exteriores e Defesa Nacional (CREDN) da Câmara dos Deputados, sobre a qual recai a pressão das três Forças, segundo seus interesses. Em geral, não se registra nenhuma resistência a essa pressão por parte dos parlamentares. Da Câmara dos Deputados, a proposta passa para o Senado, para depois ser votada pelo Congresso e, por fim, retorna ao Executivo que, no uso de seus poderes, aplica a dotação de elaboração de um cronograma de desembolso. Quem centraliza a aplicação dos recursos é o Ministério da Fazenda. A prestação de contas é realizada ao fim de cada ano fiscal.[39]

O orçamento da Defesa da Argentina é planificado pelo Sistema Integrado de Informação sobre o Orçamento – cuja sigla em espanhol é SIDIF – e administrado pela Oficina Nacional do Orçamento da Secretaria da Fazenda. Há uma rotina para o estudo do orçamento, bem como para sua programação e execução. Os recursos são completamente originados do orçamento nacional, não contando com fontes adicionais. Há um esquema de execução próprio a cada Força que, porém, é supervisionado pela Direção de Orçamento do Ministério da Defesa. Além disso, o orçamento militar é submetido constantemente a auditorias internas e externas.

---

[39] SAINT-PIERRE, H. L. Brasil. Disponível em: <http://www.iugm.es/ADEFFAAL/index.htm>.

## Educação

Um dos aspectos relativos às Forças Armadas, no entanto mais abordado por estudos que tratam estritamente o tema da Defesa do que por estudos sobre relações entre civis e militares, é o da educação militar. Este é outro ponto, pelo qual é possível notar uma diferença de atitude entre os dois países também resultante das distinções dos processos históricos referentes às transições nesses dois países.

No Brasil, são os Estados Maiores e as respectivas Diretorias e Departamentos de ensino das Forças os responsáveis por planificar e fiscalizar o cumprimento de seus objetivos educacionais. O poder civil não participa dos aspectos fundamentais da educação militar. O Executivo, por intermédio do Ministério da Educação e Cultura (MEC), reconhece os cursos de formação de suboficiais e oficiais do ensino fundamental, médio e superior, atribuindo equivalência com o sistema educativo nacional, mas não possui a prerrogativa de avaliá-los institucionalmente. O MEC, porém, não reconhece a validade dos cursos de mestrado e doutorado criados pelos militares, com exceção do Instituto Militar de Engenharia (IME) e do Instituto Tecnológico da Aeronáutica (ITA), pela particularidade das condições de ingresso a eles, pela estrutura curricular e capacitação docente e mais especialmente por não se submeterem ao controle severo do MEC, como funciona qualquer instituição civil de estudos superiores. Em outras palavras, esses cursos não pertencem à área de abrangência da Lei de Diretrizes e Bases (LDB) que regulamenta a educação nacional.

O Ministério da Defesa não interfere diretamente nos cursos das FFAA, salvo o caso dos cursos de altos estudos da Escola Superior de Guerra (ESG), que são de responsabilidade do Ministério. O Legislativo apenas acompanha o andamento da organização, o preparo e o emprego das FFAA, além de votar seu orçamento, mas não interfere na educação militar profissional, mesmo sendo ela crucial para se garantir a correta adequação da Força, segundo sua destinação e missão. Também é a educação que infunde no ânimo dos militares seus valores básicos, sendo assim, os legisladores deveriam cuidar para que tais valores incutidos inspirassem a cristalização da mentalidade democrática. Uma das razões da não participação parlamentar no controle dos valores transmitidos no processo de ensino militar reside na falta de preparo dos legisladores para o tema da Defesa e no desinteresse político, já que a temática não oferece visibilidade política e não providencia votos para eles. A discussão civil sobre o processo educativo militar possibilitaria um intercâmbio cultural entre civis e militares que redundaria em benefícios para a relação entre ambos. Apesar de o Ministério da Defesa já ter mostrado um claro esforço nesse sentido, ao concretizar três versões do Congresso sobre Defesa Nacional[40] – o qual é sediado

[40] A quarta versão, já divulgada, acontecerá em agosto de 2007 no Colégio Naval, no Rio de Janeiro.

por academias militares e que tem como objetivo a integração entre universitários civis e militares –, os cursos do Alto Comando das FFAA são, na maior parte das vezes, restritos a militares de alta patente e a civis especialmente convidados.

Portanto, o sistema educativo das FFAA constitui um dos segredos mais perfeitamente engavetados pela instituição (perdendo apenas para a Justiça Militar), talvez porque essa "caixa-preta" seja a fonte produtora dos valores e das Doutrinas que guiarão os jovens postulantes a oficiais das FFAA. Isso mostra a resistência da desconfiança dos militares com relação aos civis. O fato concebido é que propor um estudo sobre o sistema educativo militar, externo à instituição, ainda que dotado de caráter puramente científico, causa calafrios na caserna. As diligências, as idas e vindas, buscando uma autorização para levar a cabo investigações nessa área, na maioria das vezes não são suficientes para abrir o cofre. A cultura do segredo, cara aos fardados, é mantida sem necessidade. É uma atitude que impede readequações importantes ao aperfeiçoamento dos níveis de ensino militar e, consequentemente, obstaculizam uma melhora nas relações entre civis e militares, bem como a adaptação das FFAA às necessidades de uma sociedade democrática.[41]

Já o quadro argentino aponta para uma melhor integração entre civis e militares no campo da educação. Por exemplo, as instituições de ensino militar, dos diferentes níveis de instrução, aceitam que seus assentos sejam ocupados por estudantes civis e não há exigência, de âmbito formal ou informal, de que seus professores sejam militares. A Escola de Defesa Nacional, a Escola de Guerra Naval, a Escola Superior de Guerra, assim como o Centro de Treinamento Conjunto para Operações de Paz, oferecem cursos de curta e longa duração, sendo oferecidos também cursos de graduação, de especialização (mestrado profissional) e de mestrado acadêmico para civis. No caso do ensino para formação na carreira militar, cada Força conta com um sistema próprio de formação de oficiais. Não obstante os planos de estudos serem elaborados pelas Forças, o ensino militar é dependente do ensino civil, já que fica previsto pelo artigo 13 da Lei de Reestruturação das Forças Armadas que "as carreiras desenvolvidas nos institutos militares devem ser aprovadas pelo Ministério da Educação, Cultura, Ciência e Tecnologia". Assim, diferentemente do que acontece no Brasil, na Argentina o ensino militar é supervisionado pelas diretrizes nacionais da educação. Esse fato, ao menos, permite que haja certa transparência no ensino militar, colaborando para a difusão dos valores democráticos e tomando mais consistentemente o quadro de civis aptos para atuar no setor da Defesa Nacional. Por outro lado, e não menos importante, a convivência de alunos civis e militares na mesma ala, dispostos a resolver os

[41] SAINT-PIERRE, H. L. Brasil. Disponível em: <http://www.iugm.es/ADEFFAAL/index.htm>.

mesmos problemas, favorece notavelmente o relacionamento entre civis e militares, diminuindo os preconceitos e facilitando a construção da confiança que permita um projeto comum de Nação.

## As dívidas com a história

Um triste débito que pode ser constatado nos processos de transição dos dois países diz respeito às punições pelos atos dos regimes de exceção. Não nos referimos aqui ao ato de insubordinação e de quebra do sistema democrático nos dois países, mas à violência criminal desatada contra os cidadãos em ambas as ditaduras.

A reforma do Código Militar – definida pela lei n. 23.049 de 1984 – e a punição dos responsáveis pelos desaparecimentos, torturas e assassinatos receberam uma notável atenção das autoridades civis, desde o governo de Alfonsín. No Brasil, apesar dos processos indenizatórios que tentam compensar as inconsoláveis famílias das vítimas e não obstante as anistias políticas, ainda se constata uma política enérgica de oposição à revisão do passado ditatorial. Por um lado, isso é decorrente da ausência de pressão social, uma vez que a violência da ditadura brasileira – de menor impacto que no regime argentino – não provocou o mesmo clamor do protesto argentino. Por outro, a falta de vontade política dos representantes dessa sociedade e o excesso de cuidados colocados pelos militares para evitar o descobrimento de partes ainda ocultas da história figuram como importantes entraves.

En 2004, o presidente Lula da Silva anunciou o início da organização do "Arquivo da Intolerância", com sede em Brasília, a partir de 29 de agosto do ano de 2005, data de comemoração do aniversário da edição da Lei de Anistia. Previa-se que o arquivo fosse composto por documentos sobre prisões, desaparecimentos, torturas e mortes que poderiam ser livremente acessados pela sociedade. Para a concretização do projeto, a Comissão de averiguações e de análise de informações sigilosas, formada por sete ministros, requereu às FFAA, à Polícia Federal e à Agência Brasileira de Inteligência (Abin) os arquivos referentes à ditadura militar. A possibilidade formal para a abertura desse arquivo exigia, necessariamente, conseguir a revogaçao da decisao do Tribunal Regional Federal (TRF) que assegurava o sigilo daquela informação. No mesmo período do anúncio dos fatos que se tornaram públicos, destacaram-se nos meios de comunicação: a literal "queima de arquivos" na base aérea de Salvador e a recusa do governo de facilitar ao Paraguai o acesso aos documentos secretos da guerra de 1864. Alguns dias depois, outro acontecimento agravou a tensão: o então comandante do Exército havia afirmado que tinha vontade de colaborar com a abertura dos arquivos da Guerrilha do Araguaia, no entanto, o Exército disse nunca ter em seu poder esses documentos. Até hoje, a proposta do Arquivo não se concretizou.

# REFERÊNCIAS BIBLIOGRÁFICAS


BALSA, M. *Dejo Constancia*. Memórias de um general argentino. Buenos Aires: Planeta, 2001.

CASTRO, C., D'ARAUJO, M. C. (Orgs.). *Militares e política na nova República*. Rio de Janeiro: Fundação Getúlio Vargas, 2001.

D'ARAUJO, M. C., CASTRO, C. (Orgs.). *Geisel*. Rio de Janeiro: Fundação Getúlio Vargas, 1998.

DI TELA, T. S. Los percances de la transición: el caso argentino. In: HIRST, M. *Argentina – Brasil*. Perspectivas comparativas y ejes de integración. Buenos Aires: Flacso, 1990.

DRUETTA, G. A. Herencia militar y lucha paramentaria: hacia una concepción democrática de la Defensa. In: HIRST, M. *Argentina – Brasil*. Perspectivas comparativas y ejes de integración. Buenos Aires: Flacso, 1990.

FAUSTO, B., DEVOTO, F. J. *Brasil e Argentina*. Um ensaio de história comparada (1850-2002). São Paulo: Editora 34, 2004.

FLEMMES, D. *Institution Building in Mercosul's Defence and Security Sector*. Brazil's Defence Cooperation between Dominant Armed Services and Marked Bilateralism. Hamburg, Germany: Institute for Iberoamerican studies, 2004. (Work Paper IIK, 20).

FLORES, M. C. *Bases para uma política militar*. Campinas: Editora da Unicamp, 1992.

FONTANA, A. Precisiones conceptuales acerca de las Fuerzas Armadas y la consolidación democrática. In: HIRST, M. *Argentina – Brasil*. Perspectivas comparativas y ejes de integración. Buenos Aires: Flacso, 1990.

FUCILLE, L. A. A criação do Ministério da Defesa no Brasil: inovação e continuidade. *Research and Education in Defense and Security Studies*, ago. 2002.

GÓMEZ, L. H. Cultura Política y Democratización en Latinoamérica. *Ciencias Sociales (México)*, n.103-104, p.23-7, 2004.

LLADÓS, J. M. Notas sobre o papel das Forças Armadas brasileiras e argentinas. In: *Brasil-Argentina. Convergências e Divergências*. Seminários IPRI, 1997.

LLENDEROSAS, E. E. A administração da defesa depois dos processos de democratização: o caso da Argentina sob o governo Menem. In: SAINT-PIERRE, Héctor L.; MATHIAS, S. K. *Entre votos e botas:* as forças armadas no labirinto latino-americano do novo milênio. Franca (SP): Unesp, 2001.

MINISTERIO DE LA DEFENSA. Libro Blanco de la Defensa. República Argentina, 1999.

______. Estado Mayor de las Fuerzas Armadas. *Estudio Comparado de Políticas de Defensa*. Buenos Aires: Centro de Estudios Estratégicos, 2003.

LÓPEZ, E. A construção do controle civil: Argentina, Brasil e Chile. In: SAINT--PIERRE, H. L., MATHIAS, S. K. *Ni a Ceniza ni a Gloria*. Actores, sistema político y cuestión militar en los años de Alfonsín. Quilmes: Universidad Nacional de Quilmes, 1994.

______. *El último levantamiento*. Buenos Aires: Editorial Legasa, 1988.

______. *Entre votos e botas*: as forças armadas no labirinto latino-americano do novo milênio. Franca (SP): Unesp, 2001.

MATHIAS, S. K. *Distensão no Brasil.* O projeto militar 1973-1979. Campinas: Papirus, 1994.

________. *A militarização da burocracia.* A participação militar na administração federal nas Comunicações e na Educação (1963-1990). São Paulo: Editora Unesp, 2003.

MYIAMOTO, S. *Geopolítica e poder no Brasil.* Campinas: Papirus, 1995.

MORAES, J. Q. de. *Liberalismo e ditadura no Cone Sul.* Campinas: Unicamp, IFCH, 2001.

OLIVEIRA, E. R. de. *De Geisel a Collor.* Forças Armadas, transição e democracia. Campinas: Papirus, 1994a.

________ (Org.). *A revisão da república.* Campinas: Editora Unicamp, 1994b.

RIAL, J. Las Fuerzas Armadas y la cuestión de la democracia en Latino América. In: GOODMAN, O. W., MENDOSON, J. Sr.; RIAL, J. *El futuro de las relaciones cívico-militares en Latinoamerica.* Montevideo: Peitho, 1990.

RIZ, L. La experiencia democrática argentina: balance y perspectivas (1983-1988). In: HIRST, M. *Argentina – Brasil.* Perspectivas comparativas y ejes de integración. Buenos Aires: Flacso,1990.

SAIN, M. *Los levantamientos carapintada 1987-1991.* Buenos Aires: Centro Editor de Latino América, 1994. v.1 e 2.

SAINT-PIERRE, H. L., MATHIAS, S. K., MANAULT, R. B. *Los ministerios de la defensa.* Un análisis estrutural. Atlas Comparativo de la Defensa en Latinoamérica. Resdal y Ser en 2000. Buenos Aires, 2005, p.11-2. Disponível em: <http://www.resdal.org/libros/Archivo/atas-libro.htm>.

SAINT-PIERRE, H. L., WINAND, É. C. A. Dangerous Ambiguity. Proposes to expand the role of the Brazilian armed forces. *Hemisphere,* v.16, Spring 2006.

SANTOS, N. B. Geopolítica e Segurança Nacional. *Política e Estratégia (São Paulo),* v.5, n.4. p.550-74, 1987.

SOUZA, M. do C. C. A Nova República brasileira: sob a espada de Dâmocles. In: STEPAN, A. (Org.). *Democratizando o Brasil.* Rio de Janeiro: Paz e Terra, 1988. p.563-627.

STEPAN, A. (Org.). As prerrogativas militares nos regimes pós-autoritários: Brasil, Argentina, Uruguai e Espanha. In: STEPAN, A. *Democratizando o Brasil.* Rio de Janeiro: Paz e Terra, 1988. p.521-62.

VIDIGAL, A. A. F. As Forças Armadas e a Política de Defesa no Brasil e na Argentina. In: *Brasil-Argentina.* Convergências e Divergências. Seminários IPRI, 1997.

ZAVERUCHA, J. Do desafio à acomodação: Alfonsín e os militares argentinos. *Premissas (Campinas-SP),* n.8, nov. 1994.

________. *FHC, Forças Armadas e Polícia.* Entre o autoritarismo e a democracia. Rio de Janeiro: Record, 2005.

## Revistas e periódicos eletrônicos

*Folha de S.Paulo* online: <http://www1.folha.uol.com.br/folha/brasil/ult96u65505.shtml>.

*Folha de S.Paulo,* Brasil, 21 dez. 2004; e *O Estado de S. Paulo,* Nacional, 21 dez. 2004; *Folha de S.Paulo,* Brasil, 30 dez. 2004. Informe Brasil 177. Observatório Cone Sul de Defesa e Forças Armadas.

*IstoÉ* online: <http://www.terra.com.br/istoe/1620/brasil/1620mobilizacao.htm>.

## Arquivos ou base de dados eletrônicos

<http://www.defesa.gov.br>.

<http://www.latinobarometro.org>.

<http://http://www.iugm.es/ADEFFAAL/index.htm>.

<http://www.resdal.org>.

<http://www.ser2000.org>.

# Política de defesa do Chile: um olhar a partir da transição democrática[*]

Carlos Gutiérrez P.

Com o histórico triunfo do Plebiscito de 1989 sobre a Ditadura Militar e a eleição presidencial de 1990, abre-se caminho para a transição democrática liderada por uma coalizão de centro-esquerda que, em sua primeira década, irá sofrer fortes transformações pela influência intensa exercida pelos poderes factuais nacionais, sendo que o poder militar, ainda nas mãos do ditador, vai exercer ascendência até o fim dos anos 1990 e marcar a lenta e débil transição no âmbito da política de segurança e defesa, em seus instrumentos, em sua legislação e em seu horizonte estratégico.

Dessa maneira, observamos um descompasso entre os avanços democráticos que, paulatinamente, se logravam no plano institucional, da administração pública e dos espaços de representação da sociedade civil, e a ausência de plena inserção democrática das Forças Armadas, atrasando sua própria transição e o conjunto de políticas que estavam conectadas, como era a política de defesa e seus *status* institucionais.

Há, pelo menos, três aspectos a influir no ritmo que assume a "transição nas Forças Armadas" e estão relacionados com:

a) Uma transição compactuada à democracia. A imponente luta que se desenvolveu nos anos 1980 contra a Ditadura de Pinochet teve um momento de inflexão quando a luta social polarizou-se e deixou aberta a possibilidade de uma saída democrática radical, que teria

[*] Traduzido do espanhol por Thalia Lacerda de Acevedo, mestranda do Curso de Relações Internacionais do Programa Interinstitucional (UNESP/Unicamp/PUC-SP) San Tiago Dantas e membro do Grupo de Estudos da Defesa e Segurança Internacional (Gedes).

ocasionado impactos muito profundos para a modificação do panorama nacional e regional, tão sensível nesse momento para os interesses dos Estados Unidos em sua luta global da Guerra Fria. Os setores políticos e sociais de centro, historicamente hegemônicos, iniciaram um movimento de caráter estratégico para impedir uma saída de ruptura e promover a acordância, em troca de um itinerário político controlado dentro das margens da institucionalidade vigente, isto é, da própria Constituição Política de 1980.

A Constituição da Combinação dos Partidos pela Democracia levou ao fortalecimento das posições políticas de centro que, desse modo, isolaram os setores de esquerda mais radicais e puderam negociar, diretamente, com as forças que representavam a herança pinochetista. A partir disso, surgiu um calendário institucional que se refletiu em um plebiscito para ratificar a continuidade de Pinochet no governo e a posterior eleição presidencial competitiva, iniciando a transição política, com acordos orientados a não alterar substancialmente a Constituição de 1988 nem o modelo econômico de livre mercado. Assim se consolidava, entre os principais atores políticos, um grande acordo em torno da modalidade e gradação das mudanças, o que fez da transição um período disciplinado, de progressivo controle das demandas sociais e de constante modernização do sistema neoliberal. Nesse período, a esquerda histórica, que havia sustentado a luta antiditatorial, encontrava-se em uma situação de intenso desgaste, pois se defrontava com a decadência do socialismo real e seus paradigmas. Dessa forma, a transição compactuada percorreu seu caminho sem sobressaltos que questionaram o novo projeto sociopolítico.

b) A presença do Ditador. Uma vez derrotado em suas pretensões de continuar seu mandato presidencial por meio do Plebiscito de 1988, Augusto Pinochet preparou-se para continuar atuante no cenário político pelo exercício do comando institucional do Exército, que o levou a ser um ator não só por ter exercido todo o governo durante a ditadura, mas por se manter no comando da principal instituição militar que, também, se viu envolvida na contingência política. Sua presença representava um marco iconográfico da direita chilena, do chamado "êxito do modelo", da defesa irrestrita do Golpe Militar e da obra dos militares no governo.

Conseguiu manejar as linhas das Forças Armadas durante toda a primeira etapa de transição, que incluiu um par de ações de "guerra psicológica" até a transição com a mobilização e a ameaça do uso da força diante de situações de acosso a seu poder, que Pinochet não estava disposto a deixar nas mãos da democracia. Essa situação estendeu-se até que deixou o comando do Exército para ocupar um posto vitalício no Senado da República no ano 1980, e que abandona definitivamente no ano 2000, depois de retornar de sua detenção em Londres por violação aos direitos humanos.

c) A forte presença da direita. Desde a derrota de Pinochet, no plebiscito de 1988, a direita política tem levado candidatos a todas as eleições presidenciais e parlamentares, assim como a de poderes locais nos níveis municipais. Em todas elas logrou representação, obtendo, no geral, votações elevadas, que no caso das parlamentares são ajudados pelo próprio sistema eleitoral, que os tem permitido uma sobrerrepresentação, o que significa controlar a metade dessas corporações.

Se revisarmos os resultados das eleições presidenciais, poderemos verificar a seguinte evolução:

**Quadro 1** – Evolução dos resultados das eleições presidenciais

| ANO | CANDIDATO | COALIZÃO | RESULTADO |
|---|---|---|---|
| **1989** | Patricio Aylwin | Combinação | 55,1 |
| | Buchi + Errázuriz | Direita | 44,4 |
| **1993** | Eduardo Frei | Combinação | 57,9 |
| | Alessandri + Piñera | Direita | 30,6 |
| **1999** | Ricardo Lagos | Combinação | 47,96 |
| | Joaquín Lavín | Direita | 47,52 |
| 2º turno | Ricardo Lagos | | 51,31 |
| | Joaquín Lavín | | 48,69 |
| | Michelle Bachelet | Combinação | 45,96 |
| **2005** | Sebastián Piñera | Direita | 25,41 |
| | Joaquín Lavín | Direita | 23,23 |
| 2º turno | Michelle Bachelet | | 53,5 |
| | Sebastián Piñera | | 46,5 |

Como se pode avaliar, a soma dos candidatos de direita perfaz aproximadamente 40% dos votos, o que demonstra uma presença política forte, apesar de ter sido um sustentáculo ideológico e programático fundamental da ditadura. A direita, incluída a mais reacionária representada pela UDI, não pagou o custo político do período ditatorial e rapidamente se reciclou na atmosfera democrática.

**Quadro 2** – Senadores

| ANO | COALIZÃO | VOTOS (em %) |
|---|---|---|
| 2001 | Direita | 38,62 |
| | Combinação | 45,01 |
| 2005 | Direita | 34,30 |
| | Combinação | 51,31 |

**Quadro 3** – Deputados

| ANO | COALIZÃO | VOTOS (em %) |
|---|---|---|
| 2001 | Direita | 38,67 |
| | Combinação | 41,84 |
| 2005 | Direita | 35,47 |
| | Combinação | 47,41 |

As próprias eleições parlamentares demonstram essa tendência, como se pode observar no quadro 3 sobre as últimas eleições realizadas.

Dessa maneira, a direita política instalou-se como um baluarte da defesa do modelo econômico e político, alicerçado na chamada "Obra do Governo Militar", o que permitiu exatamente o contrapeso necessário para a realização de uma transição compactuada e disciplinada. A direita foi paulatinamente convertendo sua presença política desde uma realidade burocrática a uma sociológica, com tradição social e projeto populista.

No que tange aos esforços realizados pela Combinação política, no governo, para impulsionar a transição no âmbito militar, possui papel fundamental a criação dos Livros de Defesa Nacional, sendo o primeiro deles, de 1997, um verdadeiro artefato político da transição ao colocar em jogo as posições civis de confronto às ideias hegemônicas dos militares, ainda quando os avanços haviam sido limitados.

Soma-se a isso um progressivo controle civil dos temas relacionados à segurança e defesa, assim como uma constante modernização dos instrumentos políticos correspondentes, particularmente a partir da saída da velha geração de militares mais comprometidos com a ditadura nas distintas ramificações das Forças Armadas.

Nesse contexto, a partir de 1990, a sociedade chilena começa a perceber que a defesa, como parte da segurança, não é apenas uma questão dos militares e que as decisões aí tomadas afetam os interesses individuais e coletivos, tanto no espaço público como no privado. Esse entendimento, por parte da sociedade, ocorre quando as modificações no Serviço Militar Obrigatório (SMO) causam impacto no desenvolvimento da juventude ou quando as escolas padrão das Forças Armadas abrem suas portas com escassas quartapisas, ou sem elas ao ingresso das mulheres na carreira militar. Segue-se a isso a destinação de vultosos recursos para o Pressuposto Anual do Ministério da Defesa, somados os outros gerados por regulamentos especiais (Lei Reservada do Cobre n. 13.196). A população considera que tais fundos podem ser mais bem utilizados na satisfação de demandas provenientes da saúde, educação ou habitação. Desse modo, pode-se visualizar o efeito desestabilizador engrenado pelas insubordinações castrenses sobre a segurança da cidadania durante o governo de Patricio Aylwin (1990-94), chamado "Exercício de Enlace" ou "Boinazo".

O Livro de Defesa Nacional (LDN) de 2002, texto que atualiza e aperfeiçoa o Livro de Defesa Nacional do Chile de 1997, relata que a defesa é uma das funções primárias do Estado, junto à do governo interior, relações internacionais, administração da justiça, obtenção e concessão de recursos financeiros. Sua finalidade é proteger a população, preservar o território nacional e resguardar a capacidade do Estado para o exercício da soberania diante das ameaças externas contra esses elementos fundamentais do país, assim como apoiar o logro dos objetivos nacionais no âmbito internacional. Seus esforços estão dirigidos para:

1) o desejo de transparência, de maneira que tanto a cidadania chilena como a comunidade de nações possam avaliar os atos do Estado do Chile segundo as intenções, os objetivos e as capacidades que se explicitam, contribuindo para a construção de confiança e abrindo novas possibilidades para a cooperação;
2) oferecer uma oportunidade de maior conhecimento e compenetração aos chilenos e às chilenas para com as tarefas do setor;
3) expressar a vontade de manter aberto um espaço de diálogo e trabalho entre representantes do Estado, incluídas as Forças Armadas, perante atores acadêmicos, políticos e econômicos civis, relacionados ou relevantes ao tema.

O Livro de Defesa Nacional, de 2002, especifica que a

> segurança nacional se obtém mediante funções estatais bem definidas: a segurança exterior logra-se, primordialmente, por meio da função diplomática e da função de defesa; a segurança interior obtém-se através da função da ordem interior; e a segurança diante de catástrofes se alcança pela função proteção civil e meio ambiente.

Acrescenta o LDN 2002:

> Ainda que a segurança e defesa estejam intimamente relacionadas, a defesa é um conceito mais específico que a segurança. Ela produz, por si só, a segurança desejada, mas sem dúvida é um dos fatores essenciais para obtê-la. A defesa contribui para a segurança do país tanto por meio da dissuasão como pela cooperação internacional.

No que se refere ao nível de segurança entre os Estados, o LDN 2002 aponta que

> os conceitos de segurança nacional foram construídos a partir do fato de que, até alguns anos, o único ator com real capacidade de ação política no sistema internacional era o Estado. Com a consolidação do processo de globalização e o surgimento de novos atores internacionais, a concepção estatocêntrica de segurança internacional experimentou mudanças em seus pressupostos básicos: o Estado deixou de ser o objetivo exclusivo de segurança.

# SOBRE O NÍVEL DE CONDUÇÃO DA ESTRATÉGIA

O artigo 24 da Constituição Política (CP) assinala que corresponde ao presidente da República o governo e a administração do Estado, e estende sua autoridade a tudo o que tem por objetivo a conservação da ordem pública no interior e a segurança externa da República. O presidente da República conta com o Conselho de Segurança Nacional (Cosena) como órgão assessor e especialização em matérias afins, segundo os artigos 95 e 96 da CP. O Cosena é um organismo do nível político, mas ao tomar parte nele os comandantes em chefe, a defesa nacional amplia seu caráter político-estratégico até o político no âmbito de segurança nacional.

Deve consignar-se o caráter permanente da Comissão de Defesa do Senado e a Comissão da Câmara de Deputados, cujas funções são compilar antecedentes e informação a cada ramificação do Congresso sobre matérias relativas à segurança nacional, assim como defesa em geral e Forças Armadas em particular.

O presidente da República lidera a estrutura orgânica da Defesa Nacional (DN) para cujos efeitos, segundo o estabelecido no artigo 32 da CP, possui atribuições especiais para dispor das forças de terra, mar e ar, organizadas e distribuídas de acordo com as necessidades de segurança nacional.

O presidente da República usufrui do Conselho Superior de Segurança Nacional (Consusena), criado pelo DFL n. 81 de 1960, como ente assessor em matérias relacionadas à segurança nacional e à manutenção da integridade territorial, estudando e propondo medidas para coordenar os trabalhos ministeriais. Este está disposto pelo presidente da República, os ministros do Interior, das Relações Exteriores, da Fazenda e da Economia; os comandantes em chefe do Exército, da Armada e da Força Aérea; o chefe do Estado Maior da Defesa Nacional e o diretor de Fronteiras e Limites.

O presidente da República conta com o ministro da Defesa Nacional, seu colaborador direto e imediato no governo e na administração do setor, que conduz a secretaria do Estado conforme as políticas oficiais e suas instruções em tempo de paz ou guerra. Do ministro da Defesa Nacional dependem os subsecretários de Guerra, Marinha e Aeronáutica; dispõe de assessoramento da Junta de Comandantes em Chefe (JCCJ), de organismos de trabalho e assessoria como o Estado Maior de Defesa Nacional, e estão subordinadas à Direção Geral de Mobilização Nacional (DGMN) o Conselho Superior de Defesa Nacional (Consudena) e a Academia Nacional de Estudos Políticos e Estratégicos (Anepe), entre outros.

O artigo 90 da CP e o artigo 1º da Lei Orgânica Constitucional das Forças Armadas de 1990 (n. 18.948) sublinham que as Forças Armadas dependem do Ministério encarregado da Defesa Nacional e estão compostas somente pelo Exército, pela Armada e pela Força Aérea. Os corpos armados existem para a defesa da pátria e são essenciais para a segurança nacional e a manutenção da ordem institucional da República.

A Legislação do Estado, formulada segundo princípios de segurança nacional, agrupa os ministérios, as instituições e os organismos nos quatro tradicionais campos de ação com o propósito de enfrentar e superar as ameaças que colocam em risco a segurança do país. O campo de ação interior cujo chefe é o ministro do Interior, o campo diplomático dirigido pelo ministro das Relações Exteriores, o campo de ação econômica sob a chefia do ministro da Fazenda, o campo de ação da Defesa, baixo a autoridade do ministro da Defesa.

O presidente da República nomeia os comandantes em chefe e o diretor-geral dos Carabineiros de acordo com o artigo 93 da Constituição Política, mas a normativa instala inúmeras restrições se o primeiro mandatário removê-los, inabilitando-o em prática.

Na condução estratégica das Forças Armadas, o presidente da República tem em todo o momento – tempo de paz, de guerra, de estado de emergência – uma relação direta com os comandantes em chefe por meio do ministro da Defesa. O secretário de Estado é assessorado pela Junta de Comandantes, seu organismo de trabalho, assessoria e coordenação permanente em tudo relacionado à preparação e ao emprego das Forças Armadas, que é o Estado Maior de Defesa Nacional. Este é integrado por membros das Forças Armadas (contrata pessoal em situação de retiro e civis), e compete-lhe desempenhar funções de trabalho e coordenação do Consudena e da JCCJ.

A coordenação estratégica militar ou conjunta compete à JCCJ, sendo que em tempo de guerra sua máxima autoridade pode exercer a condução estratégica das Forças Armadas, quando assim o determine o presidente da República, e sempre pode executar, em conformidade com o ministro, as decisões referentes às forças conjuntas.

Das normas expostas e vigentes podem-se extrair quatro conclusões:

1) A segurança nacional coloca o marco que determina as políticas do Estado, particularmente as de segurança e defesa;
2) Segurança nacional identifica-se com a missão das Forças Armadas, fazendo seu o conceito com uma amplitude e profundidade que não reconhece contrapartida em nenhum órgão ou nenhuma instituição civil do Estado;
3) A substituição da segurança nacional por um conceito alternativo e também sustentador de políticas pode significar uma mudança no caráter do Estado;
4) A segurança nacional empresta os instrumentos conceituais que legitimam uma presença histórica sobredimensionada das Forças Armadas no processo de tomada de decisão, além das incapacidades e insuficiências civis.

O LDN 2002 não recorre às concepções alternativas e críticas à segurança nacional, mas descreve as mudanças gerais produzidas após o fim da Guerra Fria e indica a presença de oportunidades no cenário *versus* ameaças, a cooperação *versus* a dissuasão e a prevenção de conflito *versus* a resolução dele pela força. Essa descrição é realizada agregando a perspectiva realista aos conteúdos das escolas idealista, liberal e neorrealista. Assim, a construção de uma paz fundada no direito e descansando em regras que regem o comportamento dos Estados – perspectiva própria do idealismo – identifica-se, palpavelmente, com o apoio ao desenvolvimento de regimes de governabilidade cooperativos e a participação em Observatórios pela Paz. A visão liberal – empregar os mecanismos do mercado para alcançar a paz e assegurar um sistema internacional estável – chama a atenção para o rol crucial que jogam os atores econômicos desde a primeira fila. O pensamento neorrealista que, todavia, instala o Estado como intermediário privilegiado, mas reconhecendo a influência crescente dos atores não estatais, verifica-se no tema da diversificação dos atores e no rol regulador e articulador que mantém o Estado.

O LDN 1997 desenvolve de maneira precária o conjunto dos temas assinalados e os materializa limitando seu marco conceitual à visão realista. Não conta das novas visões que a Organização das Nações Unidas (segurança humana em particular) põe em discussão pública e acadêmica, ou seja, somente explicita o papel histórico que lhe cabe como organismo regulador do conflito. Ainda assim, deixa entrever a aparição de um sentido integral e moderno quando vincula segurança nacional a estabilidade internacional.

## CONCEITOS, DEFINIÇÕES E ELEMENTOS DA POLÍTICA DE DEFESA

De acordo com o Livro de Defesa 2002, a defesa visa a nove objetivos:

- Conservar a independência e a soberania do país.
- Manter a integridade do território nacional.
- Concorrer para a criação de segurança externa, fundamental para o bem da nação.
- Apoiar a projeção internacional do Chile.
- Contribuir para a manutenção e a promoção da paz e da segurança internacional, de acordo com o interesse nacional.
- Contribuir para o desenvolvimento nacional e cooperar para o logro equilibrado e harmônico das distintas capacidades do país.
- No plano da ordem institucional, contribuir para a preservação da institucionalidade do Chile como República democrática e do Estado de Direito.

- Do mesmo modo, por encarnar tradições e símbolos nacionais, contribuir para o resguardo de nossa identidade histórica e cultural, sem obstar-se, para que assim facilite sua renovação e seu equipamento.
- Contribuir para as atividades que o Estado realiza com o propósito de fortalecer o compromisso cidadão com a defesa.

Com a finalidade de alcançar tais objetivos, a defesa conta com um conjunto de diversos meios, entre os quais as Forças Armadas constituem o órgão essencial.

É uma política de Estado e, para tanto, exige sobrepor-se à conjuntura e transcender os projetos e a ação dos sucessivos governos. Como política estatal é uma política pública e, portanto, deve estar sujeita às condições gerais de formulação, implementação e verificação das demais políticas públicas, incluída a do submetimento à observação e opinião dos cidadãos. Sendo assim, deve sujeitar-se a certos resguardos em razão do caráter de algumas de suas matérias e elementos, o que justifica a especificidade de seu tratamento e a sensibilidade de seu manejo.

Sua permanência no tempo é válida à medida que não variem os fatores a considerar, ou ocorra uma alteração nas condições que motivaram sua formulação. Nela se deve considerar a participação dos entes que possuem responsabilidades diretas, destacando-se o papel protagônico do Ministério da Defesa Nacional e as Forças Armadas, como também do Ministério das Relações Exteriores e as Comissões de Defesa de ambas as Câmaras do Poder Legislativo. É conveniente atender à opinião da "Comunidade de Defesa", cujo denominador comum é seu conhecimento e sua experiência em matéria de defesa e que visa fundir as vertentes do pensamento civil e militar na investigação e na discussão dos temas gerais.

A política de defesa responde aos seguintes princípios gerais. O Estado do Chile:

- Não abriga propósitos agressivos contra nenhuma nação do mundo, nem possui reivindicações territoriais no âmbito vizinho;
- Tem a vontade de defender sua população, defender seus interesses nacionais, salvaguardar sua independência política, sua soberania nacional e sua integridade territorial;
- Possui a responsabilidade de manter uma capacidade militar suficiente para concorrer a facilitar o logro dos objetivos nacionais, cuidando para que o desenvolvimento de sua capacidade militar guarde proporção com o desenvolvimento do restante das capacidades do país;
- Tem a responsabilidade de empregar todas as capacidades nacionais e em particular seu potencial bélico, se for necessário, para a defesa do país e o resguardo dos interesses nacionais diante de ameaças externas;
- Deve fomentar o compromisso cidadão com a defesa, contemplando, entre outros objetivos, as previsões necessárias para a prestação do

Serviço Militar Obrigatório (SMO), a satisfação das necessidades de mobilização nacional e aquelas derivadas da manutenção das capacidades e aptidões das reservas;

- A situação geográfica relativa segue como uma referência importante na formulação da política de defesa;
- Instala sua política de defesa dentro do marco jurídico institucional vigente e reconhece e respeita os tratados e acordos internacionais incorporados a dito marco, de maneira tal que a política de defesa tem a legitimidade de toda a política de Estado e é respectiva do compromisso político que vincula o Estado com os cidadãos e com a comunidade internacional;
- São de interesse e conveniência a estreita vinculação e a coordenação entre a política de defesa e a política exterior, complementando-se e potencializando-se mutuamente, ainda que a primeira atue em respaldo da segunda;
- Mantém o compromisso de contribuir para a defesa e promoção da paz internacional, de acordo com o interesse nacional.

A Política de Segurança deveria identificar quais vulnerabilidades seriam enfrentadas mediante a defesa, quais por meio do desenvolvimento e quais coordenadamente. Cabe sublinhar que o Estado do Chile não gerou critérios e orientações que, com o caráter de um marco geral, podem ser entendidos como uma política de segurança nacional, o que não impede que o Chile tenha uma política de defesa implícita no passado e explícita a partir de 1997. Para uma gestão harmônica pareceria suficiente uma adequada coordenação entre a política de defesa, a política exterior, as políticas de desenvolvimento e as de ordem pública e segurança interior.

A metodologia de Apreciação Global Político-Estratégica (AGPE) encerra a análise permanente, sistemática e prospectiva dos fins nacionais (permanentes ou atuais). Seu propósito é propor metas que sustentem não só a política de defesa, mas também as políticas de outros setores públicos que se relacionam com ela. O resultado é uma variada gama de antecedentes e recomendações destinada a servir ao presidente da República no tocante à custódia do interesse nacional e constitui um pilar importante para a condução estratégica e de todo o processo de planificação político-estratégico.

Sobre a modalidade dos meios de emprego da defesa, o LDN 2002 sublinha que há três modalidades genéricas: a dissuasão, a cooperação e o emprego coercitivo da força militar, sendo entendido que o Chile mantém uma atitude defensiva como orientação fundamental de sua política de defesa, assim como seu caráter dissuasivo no plano político-estratégico.

A *dissuasão* é, em termos gerais, uma modalidade político-estratégica em que as Forças Armadas desempenham papel prioritário, mas não exclusivo. O que dissuade é o conjunto de capacidades do país, conduzido pelas autoridades políticas e respaldado em consensos políticos, assim como na vontade da população para apoiar os fins da defesa.

É um efeito. Corresponde a uma dimensão psicológica subjetiva que se busca produzir em um potencial adversário. Focaliza-se, portanto, nas capacidades disponíveis e na vontade de utilizá-las para fazer da dissuasão uma opção crível.

Contribui para estabilizar as relações internacionais, persuadindo as partes de que recorram à força para impor soluções em caso de conflito. Resulta importante não confundir a orientação da política de defesa com a forma como opera a alternativa entre atitudes estratégicas defensivas e ofensivas. A defesa estratégica, por si só, pode ser insuficiente para dissuadir um eventual adversário que ameace com a força ou haja decidido empregá-la.

A *cooperação.* O Chile incorpora em sua política de defesa a cooperação bilateral e multilateral no marco de processos de integração que impulsiona, e da participação ativa na manutenção e construção da paz e estabilidade internacional. Contudo, não significa minimizar ou trocar as funções das Forças Armadas ao longo de sua história, senão que implica orientar parte de seus esforços para colaborar no impulso nacional para a integração.

O *emprego coercitivo da força militar.* O Chile reconhece como situações de uso legítimo da força militar, em caso de conflito internacional, o marco estabelecido pela Carta das Nações Unidas; com efeito, seu artigo 51 reconhece o direito imanente de legítima defesa, individual ou coletiva, em caso de ataque armado a um de seus membros. Assim mesmo, considera o emprego das Forças Armadas sobre a base de uma resolução tomada ao arbítrio do Capítulo VII da Carta das Nações Unidas, regula o uso da força conforme as convenções e acordos internacionais que normatizam o Direito Internacional Humanitário (DIH) e as normas gerais do direito internacional.

Assim como todos os assuntos do Livro de Defesa Nacional do Chile de 2002, os nove objetivos visados pela defesa são definidos entre os que participam dos escritórios que contribuem para formular o texto oficial: representantes das instituições de defesa, do Ministério da Defesa (civis e fardados), do mundo acadêmico e um parlamentar que participa regularmente das 12 sessões.

No entanto, o alcance da característica da política de defesa com uma política de estado exige sobrepor-se à conjuntura dos projetos, e a ação de sucessivos governos implica que seja uma política de longo prazo; vale dizer, igual à política de relações exteriores do Chile que encerra princípios básicos aceitos e implementados por governos de distinto signo. A pergunta é: a política de defesa que explicita o LDN 2002 alcança os mesmos consensos que a arraigada política de relações exteriores?

Enquanto a política de defesa deve fomentar o compromisso cidadão com a defesa, o princípio geral do marco de referência é uma tarefa pendente, salvo os escritórios comprometidos com a discussão sobre o Serviço Militar Obrigatório no ano 2000, que reuniram setores da juventude e entes competentes; não houve outra iniciativa que convocasse a sociedade civil com o setor da defesa sobre a base de interesses comuns. A difusão do Livro de Defesa Nacional 2002 destaca-se por sua ausência.

Os propósitos que encerram a AGPE mediante análises permanente, sistemática e prospectiva dos fins nacionais – como fonte da política de defesa – têm pouco que ver com seus resultados. De um ponto de vista abrangente, os objetivos da Apreciação Global Político-Estratégica não vão além dos fins da defesa tradicional, porque os insumos que reúne e os atores que a elaboram não dão conta da complexidade do entorno de segurança do país, tampouco gozam das ferramentas teóricas requeridas para a análise correta.

As descrições dos elementos e dos eixos centrais refletem um critério que se ajusta em termos gerais à realidade. O ponto crucial é dimensionar o significado de cada um de tais elementos e eixos centrais para a totalidade dos atores, considerados ou não na formulação do LDN 2002.

As modalidades de emprego dos meios da defesa têm que ver com o uso do instrumento militar. Portanto:

- Não é possível homologar dissuasão e cooperação em tantas ações de mesma importância na construção de políticas, porque são noções epistemológicas em oposição, podendo tomar parte em ações concretas que partilham traços dissuasivos e/ou cooperativos;
- A política de segurança nacional descansa nos princípios do legítimo emprego coercitivo da força sobre o eixo de uma estratégia dissuasiva que tende a fortalecer o poder nacional (constitui a política tradicional dos Estados), limitada em seu alcance pelo respeito ao direito internacional, aos tratados e a uma vontade de integração e cooperação. Dessa maneira, no desdobramento de paz dos exércitos chileno e argentino ao largo de toda a fronteira, ainda persiste a presença dissuasiva dos meios como recurso de segurança, em que pese a instalação recente de numerosas Medidas de Confiança Mútua e Instrumentos de Cooperação e Entendimento;
- A construção de políticas que se definem segundo o cooperativo exige um fim convergente entre os Estados. A realidade cotidiana demonstra a dificuldade para materializar unilateralmente uma política cooperativa, quando o vizinho mantém a dissuasão como central. Favorece sua construção a existência de um espaço geográfico que compreenda algum tipo de identidade comum e requeira um regime de segurança partilhada. Tal sistema de segurança contribui para suplantar os

conceitos históricos de segurança e defesa nacional que configuram as ideias a orientar as Forças Armadas em sua percepção diante de ameaças e serve de pauta aos programas de modernização em curso.

O LDN 1997 assimila quatro elementos centrais – objetivos nacionais, interesses nacionais, poder nacional e dissuasão – e, por sua vez, faz seu o olhar crítico ajustando-o a seus fins. Assim, soma-se ao caráter multidimensional e multiespacial das novas visões, ainda que exponha sérios reparos perante a incorporação de novos atores que questionem a primazia do Estado. Produz um resultado "politicamente correto" em que – enquanto não se dirima a confrontação das visões – constrói uma política de defesa que se apoia no legítimo emprego coercitivo da força sobre o eixo de uma estratégia dissuasiva que busca fortalecer o poder nacional, mantendo as hipóteses de conflito; e limitada em seu alcance pelo respeito ao Direito Internacional, aos tratados e a uma vontade de integração e cooperação.

## O MINISTÉRIO DA DEFESA E O INSTRUMENTO MILITAR

O Ministério da Defesa não usufrui de uma capacidade ótima para desenhar, selecionar e administrar os cursos de ação sujeitos aos poderes ministeriais tradicionais. Dispõe de mecanismos de avaliação e sanção, manifestado no trâmite do Projeto de Fragatas quando não dão curso à entrega de fundos adicionais para a compra de navios de guerra, mas resultam insuficientes e escassamente orientadores de políticas públicas. A secretaria de Estado carece de uma normativa que fixe sua estrutura e a planta do pessoal e o pressuposto não se encontra em condições similares ao restante dos outros ministérios porque usufrui de uma lei orgânica. Acumula um regulamento, o Decreto Supremo n. 244 de 1976, que reúne instâncias assessoras e organismos dependentes e relacionados, mas dispõe de um nível intermediário de linha entre um e outro, como sucede em seus pares.

O projeto de reforma do ministério que ingressa no Parlamento em 14 de setembro de 2005, mascarado "Boletim 3994-02", configura a iniciativa modernizadora mais ambiciosa impulsionada pelos governos da Combinação. Visa:

1) Modernizar os processos de gestão de políticas públicas, de defesa, militar e a planificação primária ao criar uma subsecretaria de defesa integrada por civis e militares;
2) Atualizar os processos de gestão administrativa ao simplificar as estruturas de subsecretarias por ramificações e as fundir em uma subsecretaria das Forças Armadas que padroniza e aperfeiçoa os processos;

3) Fortalecer a institucionalidade conjunta, criando-se um Estado Maior Conjunto que formula a planificação secundária e o emprego conjunto dos meios;
4) Manter a função assessora da Junta de Comandantes em Chefe;
5) Pôr em dia o Ministério com o processo de modernização do Estado e o restante da administração pública.

A reserva sobre os conteúdos do projeto, incluso no trâmite parlamentar, não impede conhecer a inédita estrutura da secretaria de Estado em documentos de trabalho oficiais. Nesse contexto, o ministro da Defesa Nacional disporia de um Gabinete com uma Promotoria, um Conselho Militar e continuaria contando com a assessoria do Consusena, o Consudena e a Junta de Comandantes em Chefe.

O projeto constitui, indubitavelmente, um avanço sobre o existente, no entanto, cria possibilidades para um controle e uma condução civil mais democráticos, mas gera ao menos três interrogações:

1) Chama a atenção que o projeto original não incluía um desenho de gestão com todas as responsabilidades e atribuições dos ministérios, dos poderes e das instâncias que conformam o Consusena e o Consudena, salvo que a instalação de um ministério da defesa como proposto ponha em questão a vigência de tais organismos e exija em algum momento sua desaparição;
2) Requere-se conhecer o desenho específico e final de cada subsecretaria em seus fins, estruturas e pessoal de modo que o controle e a condução civil transformem-se em realidades tangíveis;
3) O Exército, a Marinha e a Força Aérea encontram-se sob o poder do ministro e não estão subordinados ao Estado Maior Conjunto, ao que se agrega a assessoria direta à Junta de Comandantes em Chefe ao ministro. A pergunta é: que sentido provém às atribuições limitadas do Estado Maior Conjunto? Salvo que a condução civil estime que as bases do projeto configurem a etapa viável em uma cadeia de avanços por vir.

As quarenta modificações e disposições transitórias introduzidas no decreto-lei n. 2.306 de 1978 que, por sua vez, atualiza a lei n. 1.362 de Recrutamentos e Substituições do Exército e da Armada do ano de 1990, que dão como resultado a lei n. 20.045, buscam materializar um SMO mais equitativo no social e militarmente mais eficiente, incentivando a voluntariedade, próxima de 78% em 2005, mediante numerosos benefícios concretos: acesso a um melhor serviço de saúde, educação, moradia, e o reajuste do salário básico (de 18 mil pesos a 26 mil pesos mensais). O trâmite legislativo não é receptivo ao introduzir a Objeção de Consciência, mas instala, formalmente, a Oficina de Direitos do Soldado Conscrito. As cotas não satisfeitas com voluntários são cobertas por um sorteio que afeta a todos os jovens que completam 18 anos, abrindo-se mais opções para antecipar ou postergar o préstimo público.

Nesse contexto de exigência, a precariedade do SMO continua intacta porque os soldados conscritos que almejam os benefícios prometidos tendem a pertencer à camada de despossuídos com menor nível educacional.

Além disso, a conjunção dos efeitos das últimas modificações, a redefinição da linha de carreira, a racionalização das plantas e a contratação de soldados profissionais mostram uma vontade institucional e governamental que conduz até a especialização das Forças Armadas. Nessa linha, a conscrição é barata se nos limitarmos ao estudo das cifras. O crucial é conhecer que tipo de soldado se necessita para sustentar qual resolução é a mais barata. Em uma realidade que requer, de maneira crescente, a intervenção de exércitos potentes, céleres e flexíveis, dotados com tecnologia para alcançar resoluções favoráveis com rapidez e precisão, evitando tanto quanto possível os danos colaterais e capazes de operar com a Marinha, a Força Aérea ou pares amigos, o perfil desse soldado é o profissional. Surge, então, a pergunta: não nos encontramos mais seguros como país para enfrentar as oportunidades e os desafios do cenário global, regional e vicinal com um exército profissional – contratando de maneira crescente um número importante de soldados remunerados e diminuindo a conscrição progressivamente – mais reduzido e com pessoal civil contratado para realizar os trabalhos não vinculados diretamente com o afazer da profissão militar?

A descrição das Forças Armadas e os meios da defesa que os dois livros da defesa exibem inserem-se, bem vale recordar, em processos de modernização institucionais que nascem e desenvolvem-se em um contexto dotado de uma expressiva autonomia militar, uma limitada influência civil nos organismos do Estado que adotam as decisões, uma modalidade do gasto militar dotada de leis especiais (Lei Reservada do Cobre), um conhecimento proveniente da civilidade que dispõe da capacidade ou da possibilidade de colocar realmente em interdição os cursos de ação que se adotam e uma realidade sul-americana que mostra um baixo ponto médio comparativo do gasto em defesa, uma escassa ocorrência da guerra, uma política de desarmamento consolidada referente à eliminação de armas de destruição em massa e um avanço laborioso até maiores níveis de integração.

Observemos, então, em um exemplo demonstrativo o funcionamento do processo modernizador, analisando a incorporação de tecnologia dissuasiva de ponta por meio da compra de alguns sistemas de armas durante a década recente, em cada ramificação das Forças Armadas, à luz de quatro fatos já assinalados:

1) A mudança de cenário;
2) A relativa autonomia militar;
3) A debilidade ministerial;
4) A modalidade do gasto.

O **Exército**, como assinala o LDN 2002, a instituição mais afetada pelas *mudanças do cenário* por causa dos impactos sobre a soberania territorial, concretiza a interação amistosa com seu entorno mediante o desenvolvimento da capacidade:

- político-estratégica por meio da cooperação;
- de colaboração por meio do aporte ao desenvolvimento nacional;
- de integração motivando a união e a coesão social, mas, enquanto ajusta a estrutura dissuasiva às condições dos novos tempos – o desenho da nova força estratégica significa o passo de um modelo de presença territorial com efetivos incompletos e dotados de meios antigos a um modelo de armas combinadas, móveis, altamente operativas e interoperáveis, multifuncionais e com efetivos completos – não leva a cabo tal ajuste no desdobramento de tropas. O Exército prepara-se para combater nos mesmos conflitos há 25 ou 30 anos: com o Peru no deserto e/ou com a Argentina na zona austral. A compra maciça de tanques (Leopard 1 e 2); transportes blindados para a mecanização da infantaria (M-113); meios antiblindagem (mísseis Mapats de longo alcance e canhões sem retrocesso Carl Gustav de uso individual), artilharia de campanha rápida (Sistema de Foguetes de Artilharia LAR-160, canhões autopropulsados M-109); mísseis de defesa aérea (Mistral), meios para os engenheiros mecanizados (carros lançadores da ponte, engrenagens *mine-sweeper*, reparadores de blindados) constituem os sistemas de armas idôneos para aqueles teatros de guerra. A instituição respaldaria as compras argumentando que é a única resolução à luz dos cursos de ação que emanam das políticas de defesa e militar. A rigor, é uma situação cuja responsabilidade recai no nível político e político-estratégico da condução. A título de exemplo, o desdobramento de paz dos exércitos chileno e argentino não se modificou na zona austral, em que pese a instalação de numerosas medidas de confiança mútua em uma interação em que vigora a possibilidade de institucionalizar uma mudança substantiva na equação bilateral estratégica. Tal fato conduziria à instalação da seguinte atitude estratégica: "cooperação em direção ao leste, dissuasão em direção ao norte", até o momento em que o desdobramento de paz com o Peru e a Bolívia não se modifique no curto e médio prazo de acordo com a conjuntura e todos os sinais que entrega "La Moneda".

A **Marinha.** Perante as mutações que sofre a *mudança de cenário*, do global ao vicinal, a ramificação naval define seu eixo estratégico na missão que lhe compete partir da proteção das atividades econômico-comerciais que são realizadas no Pacífico Sul por meio do uso do navio oceânico de superfície (fragatas). Não obstante, a sucessão de compras produzidas no fim do século XX e início do XXI não demonstra que a instituição põe o acento no centro de gravidade indicado, mas tende a reproduzir, parcialmente, uma estrutura histórica dos meios dirigida contra vizinhos quando potencializa as unidades de infantaria marítima, moderniza as frotas de barcos de mísseis com assento nas zonas limítrofes e introduz capacidades de última geração com os submarinos "Scorpone". A demora na renovação da esquadra e a ampliação dos meios aéreos que vigiam as rotas marítimas confirmam o assinalado. A Marinha indica que a melhora da infantaria e os meios anfíbios respondem à interoperatividade necessária para operar de maneira eficiente as missões de paz sob a bandeira da ONU.

A **Força Aérea.** De maneira similar aos seus congêneres, a instituição materializa o traço cooperativo em sua ocupação de numerosas maneiras. No que diz respeito ao exercício da dissuasão na *mudança de cenário*, é provável que as alternativas de emprego dos caças F-16 C/D (mais os 18 F-16 A/B modernizados e adquiridos da Holanda) limitem-se a duas opções: na defesa do espaço aéreo no nível vicinal ou participando em missões de imposição da paz sob o Capítulo VII da Carta das Nações Unidas. Dados os cenários possíveis de uma região complexa, o mais provável é que os compromissos e alinhamentos do país requeiram uma presença em missões de imposição da paz, enquanto as hipóteses dos conflitos interestatais perdem consistência no horizonte longínquo. A ingerência em tais missões que toleram a dissuasão delineia uma nova estratégia de inserção

Na América Latina a aplicação de uma dissuasão eficaz é assumida de maneira natural ou latente e não como gestão de um modelo estratégico-político, confunde-se com uma atitude de país onde um só se percebe superior ou inferior ao outro, ou se tergiversa pelo fato de não ter guerra em tempo prolongado. Nesse contexto, o que dissuade é o instrumento militar no país, assim se entendem as consequências das compras dos couraçados argentinos de Rivadavia e Perito Moreno, os brasileiros de Minas Gerais e São Paulo, o chileno Almirante Latorre durante a primeira metade do século XX, ou os efeitos da incorporação de 350 tanques de origem soviética pelo Peru na década de 1970. Ajuda a consolidar uma percepção desse tipo um cenário sub-regional que contém um limitado enfrentamento interestatal, uma baixa participação em guerras extracontinentais – com exceção do Brasil na Segunda Guerra Mundial, ou a intervenção da Colômbia na Guerra da Coreia, 1950-1953 – e o escasso interesse que demonstram as elites políticas pelos temas do setor, na maioria dos países. Nesse cenário, o emprego dos F-16 em missões de imposição da paz inicia uma mudança concreta no posicionamento estratégico do Chile de modo que já não se instalaria entre seus pares mediante a simples dissuasão latente, senão encarnando progressivamente a gestão de um modelo estratégico por uma atitude decidida, responsável e organizada em um marco de projeção de forças, cujo efeito nos países vizinhos requeira uma avaliação sensível.

O segundo assunto que possui relação com a *mudança de cenário* é o efeito vinculante entre a incorporação dos F-16 e a reconstrução de uma nova relação de segurança bilateral com os Estados Unidos (o TLC firmado em junho de 2003 constitui outro componente) em cujos termos entende-se a independência como uma oportunidade e não uma ameaça e materializam-se os propósitos da segurança e da defesa dado que o país transforma-se em interlocutor válido para a Casa Branca na América Latina. Há numerosos indícios que sustentam o assinalado visto que a proporção assimétrica constitui o principal fator de risco a considerar, mas a rubrica no TLC e a disposição bilateral para encarar e superar qualquer imprevisto que pudesse afetar a compra dos F-16 estão à vista de toda a opinião pública.

Por outro lado e paradoxalmente, um olhar sobre o emprego de armamento em missões de imposição de paz tem relação com o exercício cooperativo dos meios. O argumento que provém da ONU assinala que a força aplica-se na "prevenção" de conflitos maiores porque um terceiro percebe-se como ameaça para a paz mundial. É certo, também, que a mediação armada sob a bandeira da ONU é vista pela comunidade internacional como um tipo de resolução que se identifica com outras sob a denominação "Military Operations Other Than War" (MOOTWS). Paira no ar, contudo, uma interrogação: até que ponto o país encontra-se preparado para assumir as baixas nos combates de membros das Forças Armadas em missões de imposição de paz?

O esforço em promover o conjunto representa um eixo da modernização sob a direção do Estado Maior da Defesa Nacional, materializando sete cursos durante os anos de 2004 e 2005. Desenvolveram-se os exercícios "Huracán" nos anos 2003 e 2004 que servem para comprovar em terreno a capacidade para operar e experimentar em tempo real com novos conceitos de acordo com a nova harmonia e estrutura de mando requerida. Desenham-se os primeiros sistemas de mando e controle conjunto e outros projetos em benefício de uma condução oportuna e eficaz em distintos níveis, assim como se aplicam medidas que reforçam a interoperatividade entre as instituições nacionais e uma capacidade para atuar coordenadamente com forças estrangeiras. Nesse contexto de nomeação do chefe do Estado Maior da Defesa com Autoridade Militar Nacional de forças que participam na Missão das Nações Unidas para a Estabilização do Haiti (Minustash) constitui um salto qualitativo desde uma versão somente conceitual a uma materialização concreta de envergadura. Deve recordar-se que o Estado Maior da Defesa trabalha na elaboração de uma Doutrina Militar Conjunta.

O processo de incorporação da mulher constitui um tema principal na modernização, tanto na definição da linha de carreira como no cumprimento do serviço militar. O progresso mostra que a linha de carreira da oficial do Exército compreende as armas de apoio ao combate desde o ano de 2003 (artilharia, engenharia, telecomunicações), podendo alcançar o grau de general e acesso a todas as especialidades secundárias, se ela cumpre com os requisitos. O quadro permanente pode alcançar o grau de suboficial maior, as especialidades primárias de armas de apoio ao combate e as especialidades secundárias, como material de guerra e piloto do Exército. A Marinha iniciou no ano de 2003 a incorporação de mulheres oficiais nos serviços de Justiça, Saúde Naval e Dental. A partir de 2007 estará completado o ingresso à Escola Naval em especialidade de litoral e abastecimento. Em relação ao pessoal de gente do mar, as mulheres que ingressam da Escola de "Grumetes" a partir do ano de 2002 usam uniforme na especialidade de Saúde Naval e Dental, e a partir de 2010 poderão optar pelas mesmas especialidades que os homens. Com o ingresso de jovens na Escola de Aviação, no ano 2000, a Força Aérea incorpora a mulher com todos os direitos ao corpo de oficiais.

O desafio futuro relaciona-se com a construção de uma carreira militar que efetivamente cumpra:

- a igualdade de oportunidades;
- a integração;
- a competência profissional adequada;
- a equidade;
- a liderança feminina;
- uma planificação que assuma as diferenças de gênero.

Para alcançar tais propósitos é preciso: criar um real controle ministerial na gestão da política, a institucionalização do tratamento de gênero, um programa de prevenção e sanção ao assédio sexual, uma política de gênero na carreira militar – divisão que se aproxima – em conteúdos de equidade em programas da academia, na revisão dos papéis dos cônjuges. É necessário, também, avaliar o incremento do contingente de 2005 e se ainda há o intuito de aumentar-se mais, devem-se levar a cabo campanhas de difusão e estudar os incentivos e projeções do trabalho. No que diz respeito à linha de carreira, deve-se obter acesso à especialidade primária das Armas na Escola de Suboficiais do Exército, deve-se incorporar a linha executiva na Escola Naval a partir de 2007 e deve estar presente no processo de admissão a Escola de Especialidades da Força Aérea.

O processo de gênese das instituições da defesa tem primordialmente uma origem e um desenvolvimento endógenos e constitui um dos exemplos tangíveis que demonstram a insuficiência do Ministério da Defesa Nacional para intervir no "disco duro" das Forças Armadas, isto é, no crisol humano, castrense e técnico que configura o militar, o marinheiro e o aviador.

Com a presença de novos conteúdos que representam os avanços da democracia no país, com o estudo e a implementação dos Direitos Humanos, introduzem-se modernas técnicas de instrução como Centros de

Treinamento Táticos, baseados em simuladores e sistemas computacionais ou assistidos por computação, por exemplo, o Centro de Treinamento Tático da Marinha e o Centro de Treinamento Operativo Tático (Ceotac) do Exército.

Um ponto controverso que possui relação direta com os resultados do processo formativo em um contexto de crescente profissionalização é a transformação cultural doutrinária que deve refletir-se na instituição militar, sobretudo na filial terrestre. Controvertido porque as mudanças levam-se a cabo sobre um modelo de profissão que, para seu melhor funcionamento, contém pautas culturais verticalistas desde suas origens estabelecidas claramente na norma e assimiladas de maneira uniforme por todos os membros; em consequência, as manifestações de um novo comportamento individual e grupal "mais reflexivo e participativo" – impulsionadas no Exército durante o mando de seu penúltimo comandante em chefe, general Juan Emilio Cheyre – tendem progressivamente a expressar-se enquanto as necessidades e os riscos profissionais não admitem demora.

## O CENÁRIO ESTRATÉGICO REGIONAL

O Estado de situação dos arredores indica que a assimilação da cooperação (+ a dissuasão) nas relações com a Argentina estende as bases para consolidar uma mutação no marco de uma nascente Aliança Estratégica que se manifesta em: 1) os encontros ministeriais 2+2; 2) as reuniões sul-americanas e hemisféricas de ministros da Defesa; 3) a criação de um Comitê Permanente de Segurança (Comperseg); 4) a intervenção em Operações de Paz conjuntas sob o mandato da ONU no Haiti e no Chipre; 5) a construção da metodologia padronizada comum para medir os gastos com a defesa; 6) a ampliação e o aprofundamento das Medidas de Confiança Mútua, incluindo exercícios combinados e a preparação dos primeiros exercícios combinados e conjuntos na zona austral. O desafio é que é possível transitar-se até um novo estado de desenvolvimento bilateral mediante a construção de uma Zona de Boa Vizinhança na área austral, em uma primeira etapa. Compreende uma negociação que aborda a estabilização dos meios terrestres, aéreos e navais de acordo com critérios homologados por ambas as partes mediante mecanismos transparentes, verificáveis, reconhecidos. Não implica um espaço desmilitarizado, não é um assunto fronteiriço e não implica a manutenção equivalente dos meios. Há também que aprofundar o diálogo nas reuniões políticas e acadêmicas de consulta; consolidar os exercícios militares ("Araucaria") e as visitas entre comandos e unidades fronteiriças; a Patrulha Marítima Combinada Antártica e revisar os fins e prazos de desdobramento combinado em missões de paz já que, como toda resolução política, não escapa à controvérsia pelo fato de perseguirem fins com leituras dissímiles. Alguns entendem a ingerência como uma ajuda humanitária pró-paz, outros a assumem porque fortalece o poder nacional e aumenta a estatura estratégica do país, os demais assinalam que constitui uma maneira legal para recompor os assuntos internos de um Estado que causa inquietude na comunidade internacional; terceiros manifestam que contribui para financiar o pressuposto das Forças Armadas e não falta quem sustente que constitui uma oportunidade para congraçar-se com a política de alguma potência.

A relação com o Peru mostra um avanço-retrocesso da agenda compartilhada no marco de uma multiplicidade de problemas, de acordo com: 1) os encontros ministeriais 2+2; 2) as reuniões do Comitê de Defesa e Segurança (Cosede), instalando desde 2001 um novo umbral de transparência no nível dos Ministérios de Defesa; 3) as Rodadas de Conversações entre os Altos Comandos das Forças Armadas, realizadas anualmente desde 1985. O desafio chileno é dar conta, simultaneamente, da agenda oficial (hoje o limite marítimo) e a agenda submergida (vinculada aos efeitos da Guerra do Pacífico, 1879-1883, e o Pós-Guerra, 1883-1929), o que explica a persistência de um conflito de longa data, uma guerra mal terminada e um pós-guerra que, em termos absolutos e há mais de 120 anos, se nega a morrer. É surpreendente a forma em que os conflitos se cristalizam e revitalizam a cada determinado tempo, e a escassa vontade política existente nos dois países para superá-los. Nesse contexto, a recomposição dos desdobramentos que revigoram os laços envolve necessariamente os organismos estatais e a sociedade civil. O setor da defesa deve intensificar as iniciativas desenvolvidas pelo Cosede: (1) materializar a cada ano os exercícios de busca/resgate e incrementar os meios; (2) configurar uma equipe profissional e amigável para melhor desempenho das equipes técnicas que implementarão a metodologia padronizada ao gasto; (3) impulsionar o levantamento de minas com a presença de forças militares dos dois países.

Diante da evidência de uma margem de manobra limitada pela ausência de relações diplomáticas e contatos ocasionais que se mantêm nas reuniões hemisféricas e sul-americanas de ministros da Defesa, o incremento dos fluxos que transitam até e a partir da Bolívia requer o concurso maciço da civilidade. Devem se desenvolver convites que tratem de temas de interesse mútuo entre os centros de estudo civis com o apoio dos Ministérios das Relações Exteriores e da Defesa; civis e militares devem analisar a utilidade dos livros de defesa, mais uma série de medidas que abarquem as Forças Armadas: 1) convites recíprocos para participar em efemérides históricas e eventos de caráter protocolar, social, artístico, esportivo, tanto no âmbito fronteiriço como nacional; 2) prosseguir o levantamento de minas na fronteira entre ambas as partes; 3) facilidades para estimular o turismo do pessoal militar de ambos os países; 4) participação de unidades militares em simulação de catástrofes naturais; 5) cooperação em áreas técnicas, logísticas e administrativas; 6) intercâmbios docentes, bolsas e/ ou estágios; 7) apoio com meios humanos e materiais diante de situações de catástrofe e apoio à comunidade.

A política humanitária de desativação de minas terrestres implica que a Comissão Nacional assuma o desafio de levantar 119.977 minas antipessoais, distribuídas em 307 campos, em um prazo de dez anos a partir de 2001. Laboriosamente remove 3.342 bombas até janeiro de 2005, quando inicia um diálogo com órgão da civilidade. Há a possibilidade de que o Chile não cumpra os prazos que exige a política setorial em aproximadamente 100%, portanto deve: 1) resolver a execução de novas inversões nas margens viáveis de tempo e recursos; 2) estar disposto a aproveitar o período de graça; 3) informar os critérios que estipula a Convenção de Otawa (1997), caso não se cumpram os fins.

No espaço sub-regional, Mercosul, o Chile explora a possibilidade de construir um regime de segurança cooperativo apostando em um salto qualitativo à medida que tal regime tende a mudar as hipóteses de conflito vicinal e as políticas de defesa nacionais. A presença do Chile, da Argentina, do Brasil e do Uruguai em missões de paz demonstra uma vontade política para formular etapas mais avançadas no qualitativo. **O desafio**. Este implica incorporar um novo ator, a Academia, que contribua para: 1) uma progressão para uma política de segurança comum; 2) fortalecer o diálogo que conduza a subscrever a medição comum padronizada do gasto; 3) aprovar o desenvolvimento de uma força conjunta de paz; 4) estudar as consequências do ingresso do Peru no Mercosul como membro associado (com a presença da Bolívia) na perspectiva de ampliar a rede de apoio que inclui Argentina, Brasil e Uruguai para melhorar os vínculos com os vizinhos do Norte.

No marco da segurança regional, o Chile desenvolve três esforços cooperativos para enfrentar as inseguranças tradicionais e não tradicionais ligadas ao emprego da força: 1) conta com o apoio do Ministério das Relações Internacionais e organismos policiais de combate ao tráfico de drogas e ao terrorismo de alcance internacional; 2) impulsiona uma agenda multilateral e gera laços bilaterais com vários países enquanto propõe o aumento de medidas de transparência e confiança mútua nas Reuniões de Ministros de Defesa das Américas, da América do Sul e na Conferência Especial sobre Segurança convocada pela Comissão de Segurança Hemisférica da OEA, em 2003; 3) propõe renovar os pilares do Sistema Interamericano de Segurança sob a tutela civil da OEA. O recente anúncio do novo secretário-geral, José Miguel Insulza, para que o organismo passe a ser a "autoridade legal" da Junta Interamericana constitui um passo transcendental. Nesse cenário o Chile deve: 1) favorecer a emergência de um consenso hemisférico mediante uma estratégia de segurança cooperativa que se aponte como uma alternativa à militarização da agenda pós-11 de setembro de 2001; 2) apoiar a modificação que supõe transladar a centralidade do debate sobre as novas visões de segurança desde as Reuniões de Ministros da Defesa da América Latina à Comissão de Segurança da OEA; 3) incentivar o diálogo multilateral com os Estados resistentes a englobar uma estratégia cooperativa; 4) apoiar a criação de mecanismos de alerta precoces ou observatórios; 5) fomentar o ingresso de novos países latino-americanos na Rede de Segurança Humana; 6) participar do desenvolvimento de exercícios militares combinados como Salitre 2004 ou Panamax.

A preocupação chilena com a ameaça do terrorismo em sua dimensão global, no LDN de 2002, mostra a diferença fundamental entre ambos os textos oficiais, advertindo-se a influência da política exterior estadunidense. Em outros temas o LDN exalta um desenvolvimento mais extenso, ordenado, sistemático, maduro e consolidado tanto quanto difunde uma política pública de recente explicitação.

No marco de uma estratégia de associações políticas complementares e hierarquizadas no global, o país deve lutar para fortalecer por meio da ONU: 1) a criação de regimes internacionais que reduzam a discricionariedade nas decisões dos grandes poderes; 2) a proteção dos Direitos Humanos e a promoção da democracia; 3) a formulação de regras claras e transparentes para todos os atores do sistema internacional. Assim mesmo, é necessário o início de um diálogo estratégico com a União Europeia no marco do Tratado de Associação Política, Econômica e de Cooperação firmado em 2003, identificando os atores de acordo com os benefícios que contribuam para se obterem experiências referentes à: 1) integração-defesa; 2) prevenção de conflitos; 3) criação e gestão de regimes de segurança cooperativa.

A atuação do Chile e de outros países em operações de paz (Chipre, Bósnia-Herzegovina, Haiti) implica uma capacidade sub-regional para sustentar inciativas políticas substantivas também no nível global, questão importante quando se discutem as reformas do Conselho de Segurança da ONU. Implica uma possibilidade de articular processos sub-regionais que não compitam entre si na perspectiva de construir "associações complementares". As indagações, já assinaladas, guardam relação com a eventual e rigorosa participação em Observatórios pela PAZ e na promoção da integração civil-militar, incluindo instâncias de capacitação em Cecopac para civis que ajudem na etapa pós-conflito.

## PROJEÇÕES: EIXOS DA FUTURA PLANIFICAÇÃO ESTRATÉGICA

Definitivamente, pelos antecedentes manifestados e como conclusão central quanto às possibilidades reais e áreas críticas, cremos que os eixos centrais da futura planificação estratégica em defesa são:

- O Chile deve afrontar uma modalidade estratégica no contexto vicinal no marco de impulsionar e consolidar a cooperação, com uma eventual associação estratégica com a Argentina e enfrentando com um sentido de futuro os problemas pendentes com os vizinhos do Norte.
- A aprovação pelo Parlamento da modernização do Ministério constitui eixo central da política de defesa, compreendendo que a nova estrutura responde ao controle civil da defesa (gasto militar e participação em missões de paz), aperfeiçoa a condução civil (política militar, processos de modernização e incorporação de sistemas de armas) e conduz à prática do conhecimento civil capacitado (criação de uma burocracia civil de planta e intervenção da Anepe).
- A modernização da economia da Defesa, que implica novos esforços nacionais em sua criação, implementação e controle de gestão, para resolver definitivamente mecanismos automáticos de designação de recursos, modificando notavelmente a Lei Reservada do Cobre.
- A profissionalização plena das Forças Armadas e do Exército, pontualmente, é uma tarefa impostergável, aplicando uma forte reforma na carreira militar, mantendo o nível de gastos enquanto se aperfeiçoam as capacidades, e laborando de uma maneira crescente sob parâmetros conjuntos.

# Relações entre Forças Armadas e Sociedade no Uruguai: exercício comparativo com o Chile*

Julián González Guyer

O Uruguai iniciou, a partir de 2005, uma histórica mudança política com a ascensão do governo do presidente Tabaré Vázquez. Nesse quadro, há também a possibilidade de transformações em um peculiar modelo de relações entre Forças Armadas e sociedade que, instaurado a partir da primeira década do século XX e, com o particular papel dos partidos na construção do Estado uruguaio, compartilha de uma persistência já centenária.

Assim, é interessante observar esse fenômeno mediante *estudos de casos* e atentando para sua considerável densidade histórica. Ele permitirá identificar os feitos que justificam a caracterização do ano de 2005 como uma *conjuntura crítica* na história das relações civil-militares do Uruguai. Complementariamente – e de maneira mais breve –, iniciar-se-á um exercício de *inclinação comparativa* com o caso chileno, que – juntamente com o Uruguai – representa o caso mais claro de *transição democrática compactuada*[1] do Cone Sul da América Latina, após o *ciclo de ditaduras de segurança nacional* das décadas de 1970 e 1980.

---

* Este artigo é uma versão modificada da elaborada para o projeto "La Administración de la Defensa como Política Pública en Iberoamérica" (Adefal) do Instituto Universitário "General Gutiérrez Mellado", de Madri, na Espanha. Traduzido do espanhol por Carol Ozelo, mestranda do Curso de Relações Internacionais do Programa Interinstitucional (UNESP/Unicamp/PUC-SP) San Tiago Dantas e membro do Grupo de Estudos da Defesa e Segurança Internacional (Gedes).

[1] Adota-se genericamente a perspectiva da tipologia proposta por Guillermo O'Donnell (1986) de *transições compactuadas e transições por colapso*, em que a Argentina situa-se como o caso característico do segundo tipo e o Chile e o Uruguai representam os casos de *transição compactuada*. De meu ponto de vista, o Brasil representa uma diferença substancial: nesse caso, a transição democrática teve muito mais de *retirada estratégico-militar* que de negociação ou pacto com setores civis e políticos. O Brasil, além disso, parece ter sido o caso mais prematuro de *retirada militar*, e é também o mais moderado e delimitado do Cone Sul.

# INTE ANOS DE UMA *TRANSIÇÃO DEMOCRÁTICA COMPACTUADA* E A *CONJUNTURA CRÍTICA*[2] DE 2005

Transcorreram-se vinte anos desde a *restauração democrática*[3] no Uruguai. Durante o período, que culminou na *inversão histórica* que converteu em partido do governo a coalizão das forças políticas mais perseguidas pela ditadura, sucederam-se quatro administrações constitucionalmente eleitas.

Isso consagra o Uruguai como um caso de *atraso relativo* no referido processo de estabelecimento de relações *democraticamente adequadas* entre Forças Armadas e sociedade. As Forças Armadas uruguaias representam, comparativamente, um dos casos de maior resistência no Cone Sul para admitir a revisão de sua atuação durante a ditadura e assumir responsabilidades a respeito dos crimes cometidos durante o período de hegemonia da segurança nacional na sub-região. Além disso, o Uruguai destaca-se também como um dos casos com menos modificações em sua legislação sobre defesa e forças armadas. Essa situação obriga-nos a pôr em xeque certa percepção apologética muito ampliada a respeito da democracia uruguaia e, particularmente, a respeito da qualidade de suas relações civil-militares.

Por certo, a opinião de que o Uruguai constitui – juntamente com a Costa Rica – um caso de sociedade democrática bem-sucedida e excepcional na América Latina – apesar dos períodos de *interrupção democrática* que sofreu durante o século XX[4] – apoia-se em argumentos sólidos. Especialmente se adotarmos o critério *procedimental e minimalista* para definir o conceito de democracia e se a compararmos com a *performance histórica* do Uruguai em relação ao restante da América Latina. Consequentemente e desse mesmo ponto de vista, as relações entre Forças Armadas e sociedade – uma dimensão particularmente importante na determinação da *qualidade democrática*

[2] Por conjuntura crítica entende-se aquele momento ou período histórico em que um fato ou conjunto de fatos, às vezes fortuito e/ou de pouca importância considerado isoladamente, muda o rumo de um fenômeno e/ou abre espaço a um processo novo que caracteriza como *legado*. Uma análise interessante do conceito de *conjuntura crítica e seu legado* pode ser encontrada em Collier & Collier (1991, p.27-40).

[3] No Uruguai, a ditadura, ainda que tenha um componente antipartidário em sua instauração, não chegou a concretizar seus impulsos de *reforma institucional*, visto que, quando da abertura democrática, os partidos emergiram revigorados para restaurar o sistema político e institucional sem modificações substanciais a respeito do período anterior.

[4] O Uruguai viveu no século XX dois períodos de ditadura. O primeiro, entre 1933 e 1942, que teve as Forças Armadas como um ator omisso, foi instaurado por uma ditadura implementada pelo presidente constitucional Gabriel Terra (1933-38), e continuado pela denominada *dictablanda* ("ditabranda") do engenheiro Baldomir (1938-42). O segundo, entre 1973 e 1985, também foi implementado pelo presidente eleito Juan M. Bordaberry, mas teve as Forças Armadas como um ator decisivo.

de uma sociedade – têm sido tradicionalmente avaliadas de maneira também excessivamente complacente.

Efetivamente, uma observação mais atenta sobre as características do processo político uruguaio ao longo de sua história contemporânea revela que a grande tradição de *civilismo* – assim se denominou no Uruguai a sujeição militar às autoridades civis – encobriu certos *déficits e anomalias* democráticas cuja presença contribuiu, afinal, para explicar e compreender melhor a *irrupção militar* como ator político nos anos 1970.

A estabilidade institucional uruguaia apoiou-se, em boa medida, na solidez de seu sistema de partidos. O mesmo fenômeno situa o país como exceção no panorama da crescente instabilidade política que abalou a região em meados da primeira década do século XXI e pôs em destaque o largo processo, claro que não isento de sobressaltos,[5] que conduziu ao triunfo da coalizão de centro-esquerda encabeçada pela Frente Ampla nas eleições de outubro de 2004.

Essa rotação de partidos no governo – verdadeira *inversão político-histórica* – reforçou a adesão e a confiança da cidadania na democracia. Também deve ser interpretado como um fenômeno completo, em certo sentido contraditório e em uma mesma medida um desafio, não apenas para o novo governo, mas também para a institucionalidade democrática e para o conjunto da sociedade uruguaia. Com efeito, ao mesmo tempo que expressa necessidades insatisfeitas e expectativas descumpridas, também potencializa as esperanças de satisfazê-las.

Nesse quadro, deve se situar o processo de investigação sobre o destino dos presos desaparecidos durante a ditadura que empreendeu o governo do presidente Tabaré Vázquez a partir de sua ascensão em março de 2005, e, particularmente, os primeiros achados de restos humanos em sepulturas clandestinas localizadas em unidades militares, já no fim desse mesmo ano.

Postula-se que esse processo e seus resultados configuram uma *conjuntura crítica* na história das relações civil-militares no Uruguai. Se ele se confirmar, seu *legado* apresentará mudanças transcendentes no modelo de subordinação militar que, como se tentará mostrar adiante, começou a ser constituído no Uruguai no início do século XX e perpetuou-se, com apenas a interrupção do período de ditadura (1973-85), ao longo de 100 anos.[6]

---

[5] A irrupção da Frente Ampla em 1971, como terceiro partido desafiante da secular hegemonia política dos colorados e blancos, foi uma das variáveis explicativas – obviamente que não a única, nem mesmo a principal – do processo que conduziu ao golpe de Estado de 1973.

[6] É notável – como se tentará mostrar neste artigo – que a ruptura da subordinação militar foi resultado de um processo fortemente estimulado pela esfera civil/política e que, em boa medida, explica-se pelas características do modelo de relações civil-militares que se discutirá neste artigo.

# O GOVERNO DO PRESIDENTE TABARÉ VÁZQUEZ: UMA NOVA REALIDADE POLÍTICA

A *questão militar* representa um dos assuntos mais delicados que enfrenta o governo que assumiu as funções em março de 2005. Com efeito, a Frente Ampla foi definida pelos militares uruguaios como *inimigo interno* e, consequentemente, ilegalizada e perseguida como marco da *guerra antissubversiva* da década de 1970. E mais, vários dos ministros, legisladores e altos funcionários do governo de Tabaré Vázquez sofreram exílio, prisão e alguns deles foram dirigentes históricos da guerrilha da época, convertida hoje em núcleo central de um movimento que resultou no setor mais votado em outubro de 2004.[7]

As relações entre Forças Armadas e sociedade e sua dimensão central, a subordinação militar às autoridades democraticamente eleitas, constituem assunto de constante presença na agenda política no Uruguai desde a restauração institucional de 1985. Particularmente, à medida que a Frente Ampla foi crescendo sustentada pela adesão popular, a direita acenou com a ameaça, nem sempre velada, de que as Forças Armadas não permitiriam seu acesso ao governo.

Entretanto, esses fantasmas foram perdendo força à medida que a coalizão de esquerda foi crescendo com apoio popular, para se diluir antes que a Frente Ampla alcançasse o recorde histórico de ganhar as eleições em primeiro turno, com votos de mais de 50% do eleitorado. A isso se agregou outro impacto: nas eleições municipais ocorridas em março de 2005, a coalizão do governo obteve vitória em oito dos 19 departamentos do país. Entre eles se encontram os mais povoados e os de maior importância econômica do Uruguai.

Após assumir suas funções, doutor Vázquez – em decisão inédita – ordenou aos comandantes-chefes das Forças Armadas a elaboração de informes a respeito do destino dos presos desaparecidos e iniciou os trabalhos de busca de sepulturas clandestinas em uma unidade militar. Para isso, foi contratada uma equipe de antropólogos universitários com supervisão judicial e colaboração militar.

O *grande choque* social e político sobreveio com o achado de restos humanos enterrados em uma unidade do Exército, assim como em uma pro-

[7] Adquiriu particular significado simbólico o fato de os senadores mais votados dentro da Frente Ampla serem dirigentes históricos da guerrilha Tupamara. Um deles, José Mujica, deveria por razões constitucionais tomar o juramento do presidente eleito em nome do Parlamento e foi nomeado ministro da Pecuária, Agricultura e Pesca, e outro – Eleutério Fernández Huidobro – é o terceiro na linha de sucessão constitucional do presidente da República.

priedade rural que estivera em mãos da Força Aérea durante a ditadura. Ao mesmo tempo, a Força Aérea admitiu oficialmente a existência de um vôo clandestino que transportou de Buenos Aires vinte cidadãos desaparecidos cuja identidade ainda não pode ser confirmada, mas que, obviamente, foram assassinados no Uruguai. Também começaram a ser citados e a pleitear pacificamente nos tribunais diversos oficiais afastados e até alguns em atividade, em caráter de acusados e/ou testemunhas, em casos de violação dos Direitos Humanos durante a ditadura. Com eles, dois ex-presidentes da ditadura: general Gregorio Alvarez e Juan M. Bordaberry.[8] Assim, o chanceler da ditadura está na prisão, processado por coautoria de homicídio e três membros das forças de segurança – um deles oficial militar em atividade – foram extraditados para o Chile.[9]

Deve-se sinalizar que unicamente a Força Aérea entregou informações relevantes ao presidente da República. A Marinha optou simplesmente por uma forte negativa de reconhecer sua participação no terrorismo de Estado, enquanto informes do Exército, ainda que admitissem certas responsabilidades, não proporcionaram informação correta.[10]

O complexo processo de revisão apenas começou e suas consequências ainda são difíceis de precisar. Entretanto, é possível afirmar que os lucros obtidos – ainda que pequenos em relação ao número de desaparecidos – representam uma verdadeira *novidade* no processo de transição democrática uruguaia. Além disso, não é menos significativo o fato de o governo ter restituído os direitos e deveres *naturais* ao Poder Judicial.

Com efeito, as investigações oficiais sobre as violações mais graves dos Direitos Humanos nos anos 1970 haviam ficado virtualmente congeladas após a aprovação em 1986 da Lei de Validade da Pretensão Punitiva do Estado e de sua confirmação por referendo popular em 1989. Nesse sentido, pode-se assegurar que o processo de revisão e investigação, juntamente com a vontade política expressa pelo governo do presidente Tabaré Vázquez de revisar a legislação de defesa e política militar, constitui uma *inversão histórica* e, além disso, promete mudanças significativas nas relações entre Forças Armadas e sociedade no Uruguai.

Tudo indica que, apesar da pressão dos setores mais "duros" da oficialidade reformada – particularmente do Exército – e de sua indubitável influência na oficialidade em exercício, as novas gerações de oficiais parecem

[8] Bordaberry e seu chanceler, Juan C. Blanco, foram processados pela Justiça.

[9] A causa da extradição vincula-se ao célebre "caso Berríos", químico chileno vinculado à Dina de seu país. Seu assassinato ocorreu em plena democracia e a investigação judicial no Uruguai acabou extraordinariamente arquivada.

[10] De fato, o achado dos restos de um preso desaparecido em uma unidade militar deu-se graças a uma informação de fonte não revelada.

cada vez menos dispostas a pagar o preço do isolamento social e político que deriva da persistência negativa das instituições militares, não somente em aceitar as responsabilidades derivadas da repressão e da ditadura (1973-85), mas em admitir as atrocidades cometidas nesse marco.

A mudança de atitude – vagarosa e sempre com surdas resistências – explica em certa medida que os mandos militares optaram pela disciplinada obediência diante do desejo do novo governo de avançar nas investigações do passado. Sem dúvida, a realidade regional e internacional impede as *irrupções militares* do tipo tradicional, adotando a margem de manobra castrense e criando condições propícias para melhorar os níveis de subordinação militar à ordem constitucional.

Nesse contexto, a admissão de algumas das atrocidades cometidas durante a ditadura abriu as primeiras fissuras na, até agora, monolítica versão institucional das Forças Armadas sobre seu papel nas décadas de 1970 e 1980. Entretanto, deve-se observar em que medida a subordinação militar supera o nível de mero acatamento burocrático formal.

É assim que, antes de descobrir as características do modelo de relações entre as Forças Armadas e a sociedade no Uruguai, é interessante empreender um breve exercício comparativo entre certos cortes dos processos pós-ditaduras no Chile e no Uruguai.[11]

Com efeito, os dois países compartilham o caráter de *transições compactuadas para a democracia* na célebre tipologia proposta por O'Donnell. Daí deriva também muitas de suas similaridades quanto à capacidade exibida pelas instituições militares para conservar suas *prerrogativas* (Stepan, 1998). Em particular aquelas dirigidas a tentar preservar diante do apelo de investigar e esclarecer as graves violações dos direitos humanos ocorridas durante o período ditatorial e, em particular, proteger seus quadros mais comprometidos na repressão. Os dois países também registram interessantes paralelismos no que se refere às poucas mudanças legais e doutrinárias no setor de defesa de ambos.

Vale explicitar por que nesse exercício de *contraponto comparativo* não se toma o caso do Brasil, geralmente considerado um terceiro exemplo de *transição compactuada* na região. A primeira razão refere-se à assimetria geográfica, demográfica e econômica entre Uruguai e Brasil e, fundamentalmente, o *peso estratégico* do Brasil – não apenas na região, senão no mundo – diante da virtual *irrelevância* que desse ponto exibe o Uruguai.[12]

---

[11] Uma primeira aproximação a este exercício comparativo entre Chile e Uruguai foi apresentada na Conferência "Uruguay en Tiempos del Frente Amplio" [Uruguai nos tempos da Frente Ampla] organizada por *The Nordic Journal of Latin American and Caribbean Studies*, 5 dez. 2005, em Montevidéu, Uruguai.

[12] Apesar de sua relativa pequenez, o Chile também desempenha uma política exterior que tende claramente a convertê-lo em *global trader*, que sem dúvidas também o situa como um *ator global*.

Mas a razão decisiva que levou a descartar o caso do Brasil neste exercício comparativo são certas características diferenciais de sua *transição* democrática. Com efeito, talvez seja mais correto falar de uma *aliança* em vez de um *pacto* para definir o *arranjo* socioeconômico e político que conduziu ao início do processo de saída da ditadura brasileira em 1980 que culminou – já com a participação de outros atores – na campanha por *Diretas Já* em 1984. Os principais protagonistas civis do lento processo de abertura foram praticamente os mesmos grupos econômicos, as classes sociais e os atores políticos que, com os militares, no momento de condução do golpe de Estado, derrubou o presidente João Goulart em 31 de março de 1964. Ele permite compreender também a lenta e gradual transição brasileira,[13] contribuindo para explicar as enormes prerrogativas que ainda hoje conservam os militares apesar das longas três décadas transcorridas.

## URUGUAI E CHILE: DUAS TRANSIÇÕES COMPACTUADAS

As ditaduras do Chile e do Uruguai instalaram-se e sustentaram-se no poder contando com decisivos apoios do mundo civil – político e empresarial –, tal sustentação no caso uruguaio não levou à legitimidade necessária para institucionalizar-se em termos políticos e prevenir de uma vez a restabelecida democracia. Efetivamente, as frações políticas que se comprometeram mais abertamente com o autoritarismo no Uruguai sofreram posteriormente sérios reversos eleitorais.[14] Particularmente paradigmático é o caso do ex-presidente Jorge Pacheco Areco, que foi o candidato mais votado nas eleições gerais de 1971.[15] Seu setor no Partido Colorado foi literalmente apagado do mapa político pós-ditadura.

Dessa forma, com o fim da ditadura, apesar de tanto no Chile quanto no Uruguai produzirem-se negociações e concessões que possibilitaram a

[13] O general Geisel, que governou entre 1974 e 1979, já havia definido que a transição democrática deveria ser lenta, gradual e segura (Marini, 1992).

[14] Em 1980, a ditadura uruguaia, diferentemente do ocorrido no Chile, fracassou em seu intuito de legitimação por um plebiscito constitucional. Posteriormente, em 1984, as eleições internas dos partidos políticos admitidos pela ditadura consagraram de maneira incontestável o triunfo dos setores mais claramente antiditatoriais dos partidos autorizados. A Frente Ampla, proibida, convocou com êxito o voto em branco, conseguindo afirmar sua vigência.

[15] Pacheco não foi reeleito, pois não chegou a reunir os votos necessários para reformar a Constituição e, assim, o presidente eleito acabou sendo seu sucessor, Juan M. Bordaberry. Pacheco foi embaixador da ditadura e dirigentes de seu setor ocuparam cargos importantes nesse período.

abertura democrática, no Uruguai não houve setores políticos significativos que assumiram, abertamente e com algum êxito, a defesa do denominado *processo civil-militar*.

Assim, é possível estabelecer a primeira diferença relevante entre os dois casos analisados. No Chile, a ditadura de Pinochet construiu uma base político-empresarial e um apoio social significativo como consequência de certos sucessos do modelo econômico-social imposto. Isso não ocorreu no Uruguai, onde o balanço econômico e social da ditadura foi avaliado como francamente negativo, o que se refletiu na marginalidade de suas expressões políticas. Efetivamente, no Chile – de modo contrário ao ocorrido no Uruguai – formaram-se grupos com políticas autodefinidas explicitamente como *de direita* que assumiram abertamente a defesa do pinochetismo.[16]

Outro dado diferencial relevante: o sistema político no Uruguai – assim como o conjunto de instituições jurídico-políticas – foi restaurado[17] com o fim da ditadura. E mais, a democracia e o sistema político viveram uma verdadeira primavera de legitimidade que contrastou fortemente com a realidade do período pré-ditatorial, quando o autoritarismo cresceu em ambiente de grave *deslegitimação* da democracia, de suas instituições e de seus principais atores.

Por outro lado, o sistema político pós-ditadura no Chile foi *refundado* e no plano institucional a ditadura de Pinochet conseguiu impor reformas que condicionaram forte e duradouramente o processo de *transição* posterior.[18] Isso incluiu mudanças tão significativas como o desaparecimento da Unidade Popular – a coalizão política do governo derrotada pelo golpe militar – e a configuração de uma aliança quase *não natural*[19] entre a Democracia Cristã e o Partido Socialista que significou a marginalização do Partido Comunista, reduzido à condição de força extraparlamentar.[20]

Portanto, no Chile avançou-se mais – e mais precocemente – que no Uruguai no processo de responsabilização judicial de importantes chefes militares, incluindo o próprio general Pinochet, mesmo apesar de algumas

[16] É importante recordar que, desde 1985, no Uruguai, as personagens da ditadura em nenhuma circunstância e sob forma alguma reuniram manifestações de apoio público. Ao contrário, no Chile, os simpatizantes de Pinochet manifestaram durante um grande período e de forma pública sua adesão e seu apoio ao ditador e a seu regime.

[17] Há estudos do comportamento eleitoral dos uruguaios que mostram, com base em dados oficiais, uma surpreendente evolução quase sem rupturas ou descontinuidades entre o período prévio à ditadura e às décadas posteriores que culminaram com o triunfo eleitoral da coalizão de esquerda, Frente Ampla.

[18] Senadores vitalícios, comandantes-chefes das Forças Armadas irremovíveis, Lei Reservada do Cobre, são apenas alguns exemplos notáveis.

[19] A caracterização faz referência ao apoio virtual da Democracia Cristã ao golpe em 1973.

[20] O sistema de representação binomial imposto no Chile explica uma potencialmente perigosa marginalização política dos setores de esquerda não representados na Consertación.

condições sociais, econômicas e políticas de princípio, claramente menos favoráveis que no Uruguai, para restituir plenamente o Estado de direito.

Nesse sentido, parece chave identificar um fenômeno: a forma que assumiu a ruptura do discurso corporativo militar chileno. O processo é complexo e contraditório: uma rígida solidariedade com a atuação da instituição e seus membros, ao mesmo tempo que se processava um gradual distanciamento da cúpula das Forças Armadas chilenas a respeito de sua atuação por comandos militares da ditadura na repressão[21] juntamente com a aceitação da alçada judicial de julgar os responsáveis pela violação dos Direitos Humanos.

A expressão paradigmática da realidade contraditória chilena foi a *quase macondiana* situação vivida nos cerimoniais fúnebres da morte de Pinochet. Com efeito, as Forças Armadas – uma instituição estatal sem competência autônoma – homenageou oficialmente quem foi seu comandante-chefe, mesmo o governo tendo negado as honras fúnebres como chefe de Estado. Isso evidenciou a irregular realidade de um Estado de direito em que chefes militares conservam importantes prerrogativas. A presidente da República, Michelle Bachelet, resolveu parcialmente esta inocultável *anomalia* comissionando sua ministra da Defesa como única representante do governo na cerimônia castrense.

De maneira resumida e com hipóteses para aprofundar e verificar, intenta-se assinalar a seguir as variáveis que parecem explicar as diferenças apontadas entre os processos chileno e uruguaio. É consenso que, no caso chileno, o *ponto de ruptura* – a conjuntura crítica – no processo analisado foi a prisão do general Pinochet em Londres a pedido do juiz espanhol Baltasar Garzón em 1998. A partir de então, a evidência das atrocidades e até dos atos ilegais econômicos da ditadura, cometidos com o amparo do discurso de *segurança nacional* e do *combate ao inimigo interno comunista*, começou a se tornar difícil de compatibilizar com normas elementares não somente de direito, mas de honra e ética militares. Assim, o conteúdo do discurso institucional militar rompeu-se. Passou a ser impossível continuar negando ou ocultando a realidade e justificando o acúmulo de crimes e até processos de enriquecimento ilegal.

Entretanto, a explicação não seria completa sem considerar outra variável muito menos visível e difícil de *objetivar*, mas cuja centralidade e significação devem ser particularmente enfatizadas como uma dimensão da problemática das relações entre Forças Armadas e sociedade, particularmente

[21] A afirmação deve matizar-se. Por exemplo: o general Cheyre chegou a visitar Pinochet e os oficiais militares detidos por violação dos Direitos Humanos para transmitir-lhes, "em nome da família militar", seus cumprimentos de Boas Festas em 2005 e até o desejo da instituição de propiciar o apoio econômico da oficialidade para financiar sua defesa legal etc.

no Cone Sul: a *vontade política de governar* o setor de defesa e seu instrumento militar, as Forças Armadas.[22]

A partir de 1994, com Edmundo Pérez Yoma à frente do Ministério da Defesa, começou a consolidar-se um lento e complexo processo – que tenderia à continuidade a partir de então – cujo cerne está na vontade política de fortalecer a capacidade autônoma de gestão e governo do Ministério a respeito das Forças Armadas, ao mesmo tempo que deixa nas mãos da Justiça tudo o que se refere às violações de Direitos Humanos durante a ditadura. Isso supôs um processo de progressiva afirmação da autoridade ministerial de *governar* as Forças Armadas.

Esse processo deveria enfrentar os entraves jurídico-institucionais derivados do papel tradicional do Ministério da Defesa:[23] administrador de políticas elaboradas e planejadas pelas Forças Armadas. Assim, tanto o ministro como seus subsecretários começaram a gerar estruturas de assessoria *ad hoc* no âmbito da elaboração de políticas, apoiando uma gradual e crescentemente efetiva ascensão do papel constitucional do ministro como integrante da cadeia de comando com hierarquia sobre os comandos das Forças Armadas.[24]

Dessa maneira, por meio do desenvolvimento dessas capacidades, juntamente com a natural *substituição gerencional* que conduziu a ascensão de um importante número de oficiais superiores com estudos universitários de pós-graduação em instituições civis – tendência iniciada durante o comando de Pinochet –, e da superação de alguns dos fatores mais críticos de tensão transfronteiriça com os países vizinhos, verificou-se uma gradual delimitação da autonomia militar a respeito do Ministério da Defesa.

O processo de fortalecimento da instituição responsável pela condução política da defesa nacional e das Forças Armadas foi resultado do exercício efetivo de vontade política do governo civil e isso parece ter sido chave no Chile,[25] onde agora se elabora uma nova Lei Orgânica da Defesa.

---

[22] É impossível explicitar o já clássico debate teórico na ciência política que apresentou a categoria da *não tomada de decisão – non-decision making process* – proposta por Bachrach & Baratz (1962, 1963). Mas sem dúvida o caso põe em evidência a limitação do pressuposto pluralista de que as relações de poder só podem ser estudadas e/ou *medidas* por sua manifestação concreta e *objetiva* na tomada de decisão.

[23] Nesse caso também o Chile e o Uruguai apresentam similaridades que compartilham com um bom número de países da América Latina.

[24] As relações do governo com as Forças Armadas deveriam superar o período no qual o general Pinochet, em seu cargo como comandante-chefe das Forças Armadas, que exerceu até 1998, provocou constantes choques e até crises político-institucionais com a regra doutrinária de que seu superior hierárquico era o presidente da República. Dessa forma, o ministro da Defesa convertia-se em figura quase ornamental.

[25] A capacidade do Estado chileno diante do financiamento das Forças Armadas e da delicada questão da satisfação profissional e salarial de seus integrantes – a Lei Reservada de Cobre não é sobre isso – é outra variável importante a considerar. Particularmente em contraponto com o Uruguai, cuja realidade é muito diferente nesse ponto.

Com base no apresentado até aqui parece ser possível postular – ao menos sob forma de hipótese – que a variável *vontade política/civil de governo* sobre o setor de defesa – em particular sobre as Forças Armadas – possui um valor explicativo relevante para compreender os avanços relativos do processo de resolução da terrível *agenda histórica* sobre as violações dos Direitos Humanos no Chile, também para interpretar a evolução do modelo de relações civil-militares no sentido de uma paulatina afirmação do Ministério na condução política da defesa e das Forças Armadas. Fica por elucidar qual teria sido a combinação de *incapacidade civil/política* e *falta de vontade política de governo* que explica o deficitário nível de efetiva condução política das Forças Armadas e da defesa como política pública.[26]

Daí – e sempre em código comparativo com o Uruguai – que os avanços registrados no breve período do governo do presidente Vázquez parecem confirmar, até o momento, que, ao menos nas atuais condições da sub-região[27] – governos dotados de suficiente legitimidade política interna em um cenário regional e internacional avesso a aventuras autoritárias –, a variável *vontade política governamental* resulta principalmente em canalizar modalidades de relações entre civis/políticos e militares que se ajustam aos mais exigentes requerimentos e padrões democráticos.

Deve-se precisar que a variável *capacidade civil/política* para governar de maneira eficaz as Forças Armadas consiste na realidade em uma variável dependente da *vontade política governamental*. Efetivamente, esta última representa uma verdadeira chave para produzir uma mudança no atual panorama – comum ao conjunto da região – de escassa *expertise* civil/político na esfera da defesa nacional.

A seguir aprofundar-se-á nos cortes principais que exibem as relações entre militares e civis/políticos no Uruguai. Aqui somente se adiantará que os quatro governos pós-ditadura que precederam a administração da Frente Ampla não exibiram a vontade política necessária para assumir a condução política ativa das Forças Armadas nem para que o Poder Judicial assumisse suas competências perante os crimes mais berrantes durante a ditadura.

Argumentou-se que o poder dos militares era maior e/ou que não havia condições políticas para exercer essas competências. Não é possível verificar tais afirmações. Pelo contrário, a experiência recente aponta argumentos para, ao menos, relativizá-las e, por outro lado, a *solução* de consagrar legalmente um virtual *foro militar* dotado de impunidade jurídica[28] de fato reforçou aquele poder real ou suposto.

---

[26] Ver as análises ilustrativas da experiência chilena de Garsar & Garcia (2006).

[27] Entende-se por sub-região Argentina, Brasil, Chile e Uruguai. O Paraguai constitui um caso que mereceria análise particular.

[28] Lei da Validade da Pretensão Punitiva do Estado, aprovada em 1986.

Para concluir convém precisar alguns aspectos conceituais em relação aos avanços que se insinuam para aperfeiçoar os *critérios democráticos* no plano das relações Forças Armadas e sociedade na região.[29]

Primeiro poder-se-ia assinalar que a sustentabilidade a médio e longo prazo dessas relações será função dos elementos centrais: a *capacidade do sistema político de governar os militares* e – quase em termos de contrapartida e/ou incentivos[30] – a possibilidade/capacidade dos governos para gerar condições mínimas de desenvolvimento profissional militar para as Forças Armadas. Convém especificar mais detalhadamente as duas condições.

O conceito *capacidade de governar os militares* não deve compreender unicamente uma relação homogênea ou em termos de simples voluntarismo político.

Efetivamente, é óbvio que a manifestação da clara vontade civil/política de governar de fato as Forças Armadas constitui uma *condição necessária* para uma adequada relação entre governo e instituições militares. Entretanto, ela não é suficiente.

Por um lado, ela deve verificar-se no marco de uma relação de *dominação* e em termos de *exercício de autoridade* no sentido weberiano.[31] Por outro, ela supõe *vontade e/ou interesse de obediência aos mandatos* sustentados em alguma forma de legitimidade[32] (Weber, 2002, p.170-2).

Isso supõe então que nos âmbitos civis – acadêmicos, partidos políticos, funcionários públicos etc. – desenvolvem-se conhecimentos e capacidades a respeito da temática da defesa, das especificidades das instituições militares e das características da burocracia profissional militar. Efetivamente, tais capacidades incrementam a probabilidade de *pertinência* das diretrizes político-civis, reforçando a legitimidade da autoridade formal das hierarquias ministeriais.

A segunda condição – níveis mínimos de satisfação profissional militar – deve ser considerada se não como uma condição necessária, ao menos como um significativo fator coadjuvante na construção e no sustento de uma sólida relação de subordinação militar às autoridades políticas.[33]

Esta última questão representa um "calcanhar de Aquiles" para boa parte dos governos da América Latina, especialmente para os do Cone Sul – com

---

[29] As perspectivas no Brasil são as que permitem abrigar menores expectativas.

[30] No sentido da lógica da *escolha racional*.

[31] Recordar que a relação de dominação é definida como a *probabilidade de obter obediência* (Weber, 2002, p.170).

[32] Certamente, em nosso caso haverá uma cota importante de legitimidade do tipo racional-legal, entretanto, é muito provável que encontremos também expressões de legitimidade tradicional e/ou carismática nas características das instituições militares.

[33] Na realidade, esse fator poderia se considerado *sensu stricto* como implícito no conceito *capacidade política de governar os militares*.

exceção do Chile[34] –, em virtude das variáveis principais. Em primeiro lugar, as graves restrições orçamentais e a considerável *dívida social* desses países. Por outro lado, os níveis de cooperação regional existentes e a resolução das primeiras fontes de tensão que durante a história pós-colonial alimentaram rivalidades vizinhas diversas.

Efetivamente, as dificuldades orçamentárias que enfrentam quase todos os governos da região sul-americana projetam graves restrições para a adequada renovação de equipamentos e armamentos e para atender às remunerações militares diminuídas em relação à *generosidade* orçamental do período da ditadura da segurança nacional. Complementariamente, não se poderia deixar de considerar que os baixos níveis de conflito interestatais na região – principalmente no Cone Sul – representam um desestímulo considerável no momento de definir atribuições orçamentárias para a defesa militar em um quadro de recursos públicos escassos e sérias crises sociais.[35]

Isso implica assinalar a importância da definição e delimitação das missões para as Forças Armadas por parte das autoridades políticas de governo (Poder Executivo e Parlamento), missões que deverão cumprir ao menos três requisitos mínimos: serem legítimas e adequadas democraticamente, serem críveis e pertinentes profissionalmente e serem percebidas como necessárias pela sociedade e pelo sistema político.

Assim, é necessário analisar alguns antecedentes e examinar as perspectivas da evolução futura das Forças Armadas uruguaias em um cenário que parece anunciar um processo de mudanças em muitas esferas, incluindo modificações nas modalidades tradicionais de vínculo entre governo e Forças Armadas e até de importantes cortes doutrinários das instituições militares.

Como se assinalou anteriormente, em seu primeiro ano de gestão, a administração de Tabaré Vázquez promoveu uma busca por restos mortais de presos desaparecidos durante a ditadura, o que culminou na localização dos restos de dois deles em propriedades militares, e preparou os mecanismos para que a Justiça processasse vários militares e policiais, assim como o próprio ex-presidente Juan María Bordaberry e seu chanceler

---

[34] A Lei Reservada do Cobre, a excelente cotação internacional desse mineral e alguns indicadores macroeconômicos sanados permitem às Forças Armadas chilenas manter um equipamento superior à média da região e níveis de ingresso consideráveis para seu pessoal. Falta saber até quando as graves desigualdades sociais associadas ao *modelo chileno* permitirão manter os níveis de financiamento e até os privilégios de que gozam suas Forças Armadas.

[35] Ainda que não seja o fator explicativo principal, é sugestivo que o Chile seja o único país no Cone Sul a manter desavenças transfronteiriças relevantes com seus vizinhos e também o que exibe maiores níveis de investimento na renovação de armamentos.

Juan Carlos Blanco. Paralelamente e com o apoio do PNUD, o Ministério da Defesa Nacional promoveu um inédito processo de Debate Nacional sobre Defesa[36] que, segundo previsto, traduzir-se-ia em mudanças significativas na legislação sobre defesa nacional e Forças Armadas.

## QUEM CONTROLA OS CONTROLADORES E COMO?

A questão militar representa uma dimensão tradicionalmente deficitária da democracia uruguaia. A problemática afunda suas raízes na história política uruguaia contemporânea e nas tradições construídas ao longo do século passado. O assunto recentemente se instalou com força na agenda política uruguaia com o fim da ditadura (1973-85).

A história política latino-americana, marcada por recorrentes intervenções militares na esfera política, é argumento suficiente para incluir a questão das relações Forças Armadas/sociedade como uma dimensão da democracia que requer atenção particular.

Entretanto, a partir dos anos 1980, a questão da subordinação militar às autoridades políticas/civis legítimas, da lealdade militar à institucionalidade democrática na América Latina e da determinação dos mecanismos mais adequados para obter essa subordinação e criar condições para sua permanente observação adquirem centralidade.

Na realidade, a preocupação a respeito do perigo que representam os aparatos de segurança para a própria sociedade que os cria foi apresentada originalmente por Platão com sua célebre pergunta: "quem controla os controladores?" (Feaver, 1996). Desde então, as respostas que sugeriram a teoria política não chegaram a resolver satisfatoriamente, nem teórica nem empiricamente, o assunto.

Nas velhas democracias do mundo anglo-saxão – em que mais se produziram os estudos sobre a temática das relações entre forças armadas e sociedade – a preocupação principal dos investigadores é concentrar-se não tanto na subordinação militar às autoridades políticas/civis – algo que não tem estado muito em questão –, mas na otimização da manipulação das relações entre os diversos setores políticos e/ou sociais, de maneira que previna e/ou minimize o uso particularista dos recursos de poder que possuem e desempenham as instituições militares. Tudo isso com um objetivo central subjacente: a maximização da capacidade militar para cumprir sua missão de defesa militar.

---

[36] Todo o material sobre esse processo encontra-se na página do Ministério da Defesa Nacional na internet: <http://www.mdn.gub.uy/pages/debnac.asp>.

Nesse sentido e com o olhar para a realidade do Cone Sul é interessante citar o pesquisador argentino Ernesto López (2001):

> a subordinação das instituições militares aos poderes civil-militares **não** é um dado forte de nossa realidade histórica ... Ao contrário, é algo repetidamente ausente, que deve ser construído e cultivado ... Para tanto, a pergunta central de uma preocupação latino-americana sobre o controle civil deveria ser: não como se evitar as deformações, senão como se consegue a subordinação.

E conclui:

> apelando à velha mas produtiva distinção conceitual weberiana entre **poder** e **dominação**,[37] pode sustentar-se que a construção do controle civil é, em nossa região, mais um problema vinculado ao segundo que ao primeiro. Nota-se que não se propôs que constituam vias excludentes ou alternativas, pois não são ... Entretanto, ... em contextos históricos assinalados pela abertura de governos autoritários e/ou ditatoriais há formas democráticas neles que as transições começam com decisões dos governos militares e, salvo excepcionalidades, incluem pactos explícitos ou implícitos com forças civis, acerca das modalidades, dos tempos, das regras, etc. da transição, a construção – em rigor, deveria dizer a reconstrução – do controle civil deve naturalmente inclinar-se para a via do consentimento.[38]

No caso uruguaio, a problemática da relação entre as instituições militares e as autoridades de governo legítimas tem estado particularmente presente na agenda pública desde 1985.

A emergência do tema, inovador na história política uruguaia, tem sido resultado basicamente do apelo de clarificação das violações de direitos humanos cometidas durante a ditadura. Simultaneamente, a centralidade e a amplitude adquiridas por essa problemática, de inconfundível legitimidade e pertinência tanto ética quanto política, determinaram que a *questão militar* estendesse durante quase três décadas a ser reduzida a ela, renegando outros aspectos *substanciais* a um segundo plano.

Efetivamente, ao longo de sua história de vida institucional contemporânea, no Uruguai tem-se evitado quase sistematicamente o debate público sobre o tema de defesa e política militar, isto é, a definição das razões que determinam a existência de forças armadas, suas missões e aspectos doutrinários, suas características organizacionais, operativas e logísticas,

[37] Poder para Weber é a possibilidade de impor a própria vontade a uma relação social em que há uma contradição de valores. Dominação, entretanto, alude à possibilidade de encontrar obediência a um comando de determinado tipo. O primeiro tem que ver com a imposição, enquanto a segunda remete à temática do consentimento.

[38] Tradução livre do original em espanhol proporcionado pela comunicação pessoal entre os autores.

seus armamentos e os recursos que a sociedade investe nelas. Com base em tais definições, por outra parte, encontra-se a problemática da subordinação militar às autoridades políticas legítimas e sua inserção no Estado de direito. A omissão dos temas destacados na agenda política pública deveria definir-se, ao menos, como uma *anomalia democrática* significativa.

Nesse sentido, mais além da correta observação de Ernesto López, nas condições atuais, a chave do problema do *controle dos controladores* e a subordinação militar no Cone Sul – e particularmente no Uruguai – parecem estar localizadas principalmente no campo civil/político e podem ser definidas como *o exercício da vontade política de* ***governar*** *sobre os militares*. Isso, na realidade de maior parte dos países da região, pressupõe a construção de capacidades para concretizar efetivamente tal desejo. Capacidades não apenas no plano dos recursos humanos, mas também no plano institucional.

Desse diagnóstico desprendem-se três linhas interdependentes de ação política governamental. De um lado, a incorporação plena e duradoura da questão da defesa e das Forças Armadas na agenda política pública. De outro, o desenvolvimento de instituições políticas de governo concebidas e desenhadas para elaborar, executar, controlar e avaliar políticas públicas no setor da defesa. Em terceiro lugar, porém indispensável para o cumprimento das outras duas, o desenvolvimento de recursos humanos técnico-político/civis capazes de participar da elaboração e da gestão dessas políticas.

Assim, partindo de uma breve definição do conceito de *não assunto* – *non-issues* – e de uma resumida aproximação indutiva do fenômeno no Uruguai, tentar-se-á analisar algumas de suas implicações para a qualidade da democracia quando se inaugura a denominada *era progressiva* na história política uruguaia (Garcé & Yaffée, 2005).

## A *QUESTÃO MILITAR*: UM *NÃO ASSUNTO* NA AGENDA POLÍTICA URUGUAIA

Poderíamos definir como *não assunto* aquelas questões relevantes e/ou de interesse geral que, por diversas razões (prejuízos, interesses criados etc.), não emergem à luz para integrar a agenda política pública, tendendo a serem resolvidas em outros âmbitos. Os *não assuntos* e os processos de *não tomada de decisão* (Bachrach & Baratz, 1962, 1963) resultam funcionalmente úteis, visto que não se propõe aqui um exame detalhado dos processos de tomada de decisão em questões de defesa nacional e/ou política militar, mas apenas procurar pôr em questão o tratamento que tradicionalmente a democracia uruguaia tem dispensado à temática da defesa nacional e dos assuntos militares.

Um bom indicador do caráter de *não assunto* que a temática da defesa nacional e a política militar têm sido obrigadas a adotar é a ausência das questões substantivas dessa problemática na agenda parlamentar uruguaia. Tradicionalmente, os temas vinculados à política militar são considerados no âmbito reduzido das Comissões de Defesa das duas Câmaras Legislativas e chamativa a falta de profundidade com que geralmente são tratadas.

É inegável que o cidadão uruguaio médio não possua contato com o *mundo militar*. Assim, os poucos conhecimentos que geralmente exibem os legisladores sobre tais assuntos apenas refletem a realidade mais geral. Efetivamente, desde que as Forças Armadas se organizaram no Uruguai como instituições estatais formalizadas, o recrutamento de seu pessoal tem sido voluntário.[39] Isso contribui para o isolamento das Forças Armadas perante a sociedade, o que não justifica a ausência dos assuntos militares na agenda política pública nem o escasso estudo acadêmico acumulado sobre uma instituição estatal tão significativa, pelo volume e pela qualidade dos recursos que ela administra e pelo poder que isso lhe confere.

Não se afirma que os trâmites formais referentes às Forças Armadas não se cumpram. Pelo contrário, nas questões referentes *ao militar* predomina o tratamento formal sobre o substantivo. Efetivamente, as designações orçamentárias para as Forças Armadas são aprovadas pelo Parlamento, como estabelecido pela Constituição, bem como as vias de ascensão de oficiais superiores e a autorização de entrada de tropas estrangeiras e de saída de tropas uruguaias do território nacional. Além disso, desde 1986, o Ministério da Defesa Nacional envia anualmente os programas de estudos das instituições de ensino militar ao Parlamento como estabelece a lei.

O trâmite desses assuntos para quem tem acompanhado o tema ao longo dos últimos anos é praticamente rotineiro. Cada ano, desde 1985,[40] no momento de analisar o Orçamento de cinco anos ou as Prestações de Contas e Balanço de Execução Orçamental anuais, as atas legislativas consignam regularmente as expressões de algum parlamentar sobre a urgente necessidade de definir *para que as Forças Armadas*, como passo prévio para determinar *por que o país necessita de Forças Armadas* e assim estabelecer a guarda e o destino dos recursos a elas destinados. Entretanto, o debate tem sido sistematicamente esquivado.

Desde a restauração democrática, os sucessivos governos têm prometido levar ao Parlamento um projeto de reforma da Lei Orgânica das Forças Armadas. A proposta governamental cumpriu-se em dezembro de 2003. A vazia formalidade do trâmite ficou em evidência quando nem sequer a bancada parlamentar militar manifestou interesse em debater o tema e o

[39] Se bem que em 1941 aprovou-se a Lei de Instrução Militar Obrigatória ainda vigente, que nunca se efetivou.

[40] Em março de 1985 assumiu o presidente José M. Sanguinetti, iniciando o processo de transição após a ditadura instaurada em 1973.

projeto de lei nem sequer ingressou na ordem do dia da Comissão de Defesa para suas considerações.[41]

Ressalte-se, entretanto, que durante a última década, alguns pedidos de autorização parlamentar para a saída de militares uruguaios do território nacional,[42] para integrar missões de paz ou cumprir manobras com Forças de outros países, têm sido objeto de análise mais detalhado das Comissões legislativas.

Um estudo histórico de mais longo prazo permite comprovar que desde 1941, quando foi aprovada a Lei Orgânica Militar e com base na qual foram redigidas as leis que regulam a Marinha Nacional (1946) e a Força Aérea (1953), não se unificou a normativa militar até que, em 1974, a ditadura aprovou a Lei Orgânica das Forças Armadas com algumas modificações e que ainda é vigente.[43]

Do exposto é possível concluir que os partidos políticos uruguaios optaram tradicionalmente por *omitir* o tratamento público da temática da defesa e em particular da temática militar. Entretanto, como se verá adiante, isso não supõe desinteresse nem falta de atenção, tampouco desconhecimento da importância do assunto por parte dos principais dirigentes políticos uruguaios.

Diante de tais antecedentes, a decisão do governo do presidente Tabaré Vázquez de promover em 2006 um processo de Debate Nacional sobre a defesa com participação da Universidade da República, de parlamentares, partidos políticos, organizações da sociedade civil, jornalistas e militares, que deverá culminar na apresentação ao Parlamento de uma Lei de Defesa Nacional e de uma nova Lei Orgânica das Forças Armadas, aparece como uma notável novidade.[44]

---

[41] Já se entrava em um ano pré-eleitoral e havia uma grande percepção no sistema político de que as eleições de outubro de 2004 encerrariam o ciclo de hegemonia dos partidos Colorado e Nacional na história do país.

[42] O número de efetivos militares destinados a cumprir missões de paz no exterior chegou a 3 mil em 2006: com 1700 no Congo e 1200 no Haiti. As Forças Armadas uruguaias possuem em suas fileiras 26 mil homens e mulheres.

[43] A Lei Orgânica da Força Aérea de 1953 não motivou nenhum debate significativo por sua redação feita a partir da Lei Orgânica Militar então vigente. Ela resultou no "desprendimento" da Aeronáutica Militar do Exército, e boa medida sob influência da Missão Aérea Norte-americana. Durante a ditadura, aprovaram-se, além da Lei Orgânica das Forças Armadas (1974), novas Leis Orgânicas da Força Aérea (1977) e do Exército (1984). Em 1985, eliminaram-se as referências mais explícitas à doutrina da segurança nacional.

[44] Entre março e dezembro de 2006, realizou-se o Debate Nacional sobre Defesa, em que se adotou a forma de um projeto de Ministério da Defesa no qual o Programa das Nações Unidas para o Desenvolvimento atuará como agente financiador e a Universidade da República será um importante suporte do ponto de vista acadêmico.

## PRINCIPAIS CAUSAS DA *OMISSÃO POLÍTICA*

Lembre-se de que, do ponto de vista de seu ordenamento jurídico, o Uruguai não apresenta grandes anomalias formais aparentes. De fato, como corresponde um Estado de direito, estão consagradas a preeminência das autoridades políticas eleitas sobre a hierarquia militar e a sujeição militar à autoridade do presidente da República, que ostenta, por mandato constitucional, juntamente com o Conselho de ministros ou o ministro da Defesa Nacional, o *Comando Superior* das Forças Armadas. Por sua parte, essas leis possuem como obrigação as missões mais ou menos clássicas.[45]

Contudo, o Parlamento possui a competência normal de supervisão e controle, além de participar ativamente das ascensões de oficiais superiores[46] na fixação do orçamento e do número de efetivos, no ingresso de tropas estrangeiras e na saída de efetivos do território nacional, assim como na declaração de guerra etc.

Entretanto, uma análise mais particular do ordenamento legal uruguaio referente ao setor da defesa conduz à identificação de uma especificidade: a regulação das funções e da organização do Ministério da Defesa Nacional encontra-se concentrada na Lei Orgânica das Forças Armadas. Essa particularidade vem de muito tempo[47] e é coerente com o papel tradicional exercido pelo Ministério como administrador de políticas elaboradas pelas Forças Armadas e representante delas no Poder Executivo.

De fato, muitas décadas antes da ditadura de 1973-85, a democracia uruguaia era regida por uma norma que virtualmente inverte a ordem hierárquica entre as Forças Armadas – organizações profissionais especializadas e de caráter executivo – e o Ministério da Defesa Nacional, organismo político que por delegação do presidente da República exerce a condução política da defesa nacional.

É interessante recordar que recentemente, a partir de 1985, *civilizou-se* duradouramente a titulação do Ministério da Defesa.[48] Efetivamente, desde a criação do Ministério da Guerra em 1828, os ministros, com poucas exceções, foram oficiais militares. Por outro lado, em 2006, criaram-se alguns cargos de direção e habilitou-se o ministro da Defesa a designar um limitado número de funcionários de confiança. Até então, de acordo com a Lei Orgânica das Forças Armadas, os únicos funcionários de hierarquia

[45] Como já apresentado, com a restauração democrática de 1985, também se retornou à definição tradicional de missões militares estabelecida em 1941.

[46] Mas não na nomeação dos comandantes-chefes das três Forças. Isso é uma competência do Poder Executivo.

[47] O antecedente remonta à primeira Lei Orgânica Militar (1941).

[48] Ver a lista completa de ministros da Defesa em <http://mdn.gub.uy/pages/mdns.asp>.

no Ministério que poderiam ser civis eram o próprio ministro e o subsecretário, cuja função é a de *colaborador imediato do ministro.*[49]

Entretanto, a relativa subordinação do Ministério da Defesa às Forças Armadas, verdadeira *chave explicativa* dos principais *déficits democráticos* nesse âmbito, constitui, na realidade, na expressão particular de um fenômeno mais geral: o papel hegemônico dos partidos políticos na história do país e, particularmente, na construção do Estado uruguaio contemporâneo.

Efetivamente, ao longo do século XX, os partidos políticos no governo tenderam a manipular o aparato estatal com critérios patrimoniais que em meados do século deveu-se ao crescente *clientelismo*. Isso explica a debilidade das burocracias especializadas permanentes na Administração Central do Estado uruguaio[50] e sua pouca capacidade para a assessoria ministerial nos processos de políticas públicas.

O processo de reforma do Estado vivido pelo Uruguai durante as últimas décadas, associado à proibição legal do ingresso de funcionários à administração pública, dão lugar a uma séria deterioração das capacidades institucionais do Estado.[51] Ressalte-se que, no caso uruguaio, o *ajuste estrutural* ao qual se submeteu o Estado na década 1990 não teve a profundidade que alcançou em outros países da região.

Com a expectativa relativamente recente do Ministério da Economia e da Agência de Planejamento e Orçamento,[52] os Ministérios uruguaios não têm desenvolvido burocracias especializadas na elaboração, implementação e avaliação de políticas públicas.

Os funcionários "de planilha" dos Ministérios cumprem tarefas burocráticas rotineiras e cada ministro forma equipes *ad hoc* financiadas geralmente de igual forma. Isso determina, além do mais, que a *memória institucional* no campo das políticas públicas é um fenômeno pouco frequente na Administração Central do Estado uruguaio.

O Ministério da Defesa Nacional não é exceção nesse sentido, com o agravante de que em boa medida as normas que o regem integram a Lei Orgânica das Forças Armadas. Obviamente, nessa lei não se contempla

---

[49] Lei Orgânica das Forças Armadas (art. 12), em <http://www.mdn.gub.uy/archivos/debatenacional/leyorgfauru.pdf>.

[50] Define-se assim o conjunto dos Ministérios e a Presidência da República. No Uruguai há uma frondosa organização estatal com agências públicas autônomas e descentralizadas, além de organismos de propriedade e administração mista público-privada.

[51] Para o ano de 2007, o governo da Frente Ampla anunciou uma reforma profunda do Estado que incluirá tanto os aspectos do desenho institucional quanto a administração de seus recursos humanos.

[52] A Agência de Planejamento e Orçamento é uma repartição de categoria ministerial que funciona na órbita da Presidência da República com atribuições basicamente referentes aos aspectos orçamentários. Entretanto, deve-se precisar que a enorme maioria de seus quadros está completada por pessoal contratado temporariamente.

precisamente a clarificação da preeminência do Ministério como organismo de condução política das organizações castrenses.

As modificações introduzidas na lei em 1986 apenas amputaram os principais elementos da *doutrina da segurança nacional*, sem sequer eliminar completamente nem delimitar e/ou definir as missões das Forças Armadas. Quer dizer, então, que o governo do presidente Vázquez herdou um Ministério de Defesa Nacional fortemente militarizado por imposição da lei e como resultado de tradições muito enraizadas.

Efetivamente, as normas que regulam a orgânica do Ministério da Defesa – artigo 9 e seguintes da Lei Orgânica Militar – consagram a presença determinante de oficiais militares em todas as suas hierarquias administrativas, garantindo uma realidade de autonomia, tanto das Forças a respeito do governo quanto delas entre si, além de consagrar a tradicional preeminência do Exército no interior do Ministério.

Por outro lado, constata-se que o Ministério da Defesa administra numerosos organismos com funções e tarefas não estritamente militares, entre elas o Serviço Nacional de Meteorologia, a Direção de Inteligência de Estado, o Instituto Antártico e um Serviço de Saúde das Forças Armadas que administra um dos maiores centros hospitalares do país.[53] As Forças Armadas administram diretamente serviços como a Direção Nacional da Aviação Civil e Infraestrutura Aeronáutica, as Represas Nacionais, os Parques Nacionais etc. O paradoxo que a situação expõe é evidente: o Ministério da Defesa Nacional, uma instituição que deveria ser tipicamente política/civil, consiste em um organismo, de fato, militarizado e em boa medida *de e para as Forças Armadas*. Contudo, ao mesmo tempo, abriga muitos serviços cujas funções não são *per se* de caráter militar.

Assim, da mesma forma com que é possível caracterizar como *orçamento militar* os importantes recursos públicos que se dedicam ao Ministério da Defesa, também devemos assinalar que, enquanto ele mantém seu caráter de organismo militar e militarizado – sim, é certo que *recursos são poder* –, essa realidade contribui objetivamente para fortalecer o *poder político militar* (Abrahamsson, 1972).

Do exposto até aqui se desprendem duas questões que por ação ou omissão deverão definir as novas autoridades do Ministério da Defesa. Por um lado, será necessário decidir se o Ministério conservará seu caráter de instituição fortemente militarizada ou se encarará sua reforma no intuito de fortalecer seu caráter e suas obrigações como organismo político de governo. A segunda grande decisão, não necessariamente dependente nem determinada

[53] Segundo o último Censo de População e Habitação (1996), o Serviço de Saúde das Forças Armadas atendia 4,19% da população nacional (ver <www.ine.gub.uy/biblioteca/anuario2004/datos/3.2.1.xls>), cifra que pode ser estimada em quatro vezes superior aos 32 mil funcionários que trabalhavam no Ministério da Defesa Nacional em dezembro de 2004.

pela primeira, foca-se nas obrigações, funções e tarefas do Ministério: este conservará em sua esfera somente as funções e tarefas específicas das Forças Armadas ou continuará abrigando em seu seio organismos e funções mais amplas? E, em último caso, quais e em razão de quais critérios?

## O PECULIAR CONTROLE CIVIL AO MODO URUGUAIO

No Uruguai, as Forças Armadas têm estado sujeitas tradicionalmente ao controle das autoridades de governo legítimas. As duas *interrupções*[54] da ordem constitucional durante o século XX tiveram como atores protagonistas de sua administração e execução os presidentes constitucionais da época com o apoio de importantes facções dos partidos políticos.

Efetivamente, em 1933, o primeiro golpe de Estado do século XX foi promovido e protagonizado pelo presidente eleito constitucionalmente. O papel das Forças Armadas nessa *quebra institucional* poderia ser definido como de *cumplicidade pela omissão*.[55] Os militares optaram, na ocasião, por sua fidelidade ao *Mando Superior* diante de seu dever de *defesa da Constituição e das Leis*.[56] Também em 1973, o golpe de Estado foi encabeçado, ao menos formalmente, pelo presidente constitucional, Juan M. Bordaberry. Nesse caso, as Forças Armadas tiveram papel decisivo e em um processo gradual terminaram por apagar todo sinal de legalidade do regime.

Assim, pode-se afirmar que a subordinação militar no Uruguai tem como referência principal muito mais o presidente da República que a Constituição e as leis. Nesse sentido, como já apresentado, as Forças Armadas não são estritamente uma exceção entre as burocracias estatais. Em todo caso, o diferencial – que não é menor – é sua condição de burocracia profissional especializada na administração dos meios de violência do Estado, também a modalidade de governo das instituições militares que foram sendo construídos desde as primeiras décadas do século XX, sobre a base significativa do *autogoverno militar*. Essa forte autonomia das instituições armadas acabou gerando uma esfera de assuntos de *monopólio militar*.

A contrapartida dessa *autonomia*, que além do mais permite explicar a subordinação militar ao presidente da República, é a considerável *intrusividade* das autoridades políticas em uma questão-chave: a designação de

---

[54] Também em 1938 registrou-se o que se conhece como *golpe bom*. O general Baldomir – ativo protagonista da ditadura de Terra – encaminhou o retorno à normalidade institucional.

[55] O presidente Terra fez-se forte no Quartel General dos Bombeiros, apoiando-se na Polícia para dissolver o Parlamento. As Forças Armadas abstiveram-se de intervir.

[56] Obviamente, ele não foi casual; Maronna & Trochon (1988) mostram como Terra foi *depurando* a cúpula militar para neutralizá-la.

hierarquias máximas militares. Desde o princípio do século e como elemento característico da modalidade tradicional de controle civil sobre os militares[57] instaurou-se a prática da ascensão às patentes de general conforme critérios de fidelidade partidária e/ou pessoal.

Dessa maneira, pode-se afirmar que a escassa atenção aparente que o *civil/político* tem prestado às Forças Armadas, enquanto não foi necessário dar as mãos a elas como instrumento de custódia do *status quo*, tem uma dupla explicação básica. Por um lado, a já assinalada *distância* civil do *mundo militar* em um país no qual, desde sua institucionalização, as Forças Armadas têm sido de recrutamento voluntário. A segunda razão encontra-se na peculiar modalidade de controle civil instrumentada pelos governos durante o século XX e a virtual promoção da autonomia militar que se complementou.

Finalmente, a Guerra Fria e a forma como o Uruguai inseriu-se na configuração internacional de poder como aliado dos Estados Unidos constituem fator muito importante que se combinou harmonicamente com a modalidade de relação entre governos e Forças Armadas e a sistemática *omissão política* antes apresentada.

Efetivamente, desde cedo e ainda antes da formalização do sistema de defesa hemisférica construído ao redor do Tratado Interamericano de Defesa Recíproca (Tiar), firmado no Rio de Janeiro em 1947, o Uruguai começou a construir estreitas relações militares com os Estados Unidos. Os programas de cooperação militar norte-americanos aos quais se inscreveu o Uruguai, com o plano de Defesa Militar secreto[58] que se estruturou no marco do Convênio de Assistência Militar (junho de 1953), constituem a pragmática *solução ad hoc* para equipar e treinar as Forças Armadas sem maiores esforços dos cofres públicos. Assim, o equipamento, a modernização e o desenvolvimento doutrinário das Forças Armadas uruguaias durante a Guerra Fria não podem ser analisados sem se considerar a assistência norte-americana.

## OS DESAFIOS DO NOVO GOVERNO URUGUAIO

Os desafios que enfrentam o governo no âmbito da defesa desprendem-se do desenvolvimento anterior. Resulta claramente que o governo progressista instaurado em março de 2005, tanto por razões orçamentárias quanto políticas, deve enfrentar a reformulação do Ministério da Defesa e a

[57] Obviamente, o fenômeno gerou mal-estar mais ou menos agudo segundo os diversos momentos históricos entre a Oficialidade militar que percebeu como um menosprezo de seu *profissionalismo*.

[58] O processo que levou a firmar-se este Plano Militar e a história de sua primeira década de aplicação constituem o centro das análises da dissertação de mestrado do autor.

reestruturação das Forças Armadas. Deverá, entretanto, compatibilizar esses desafios com uma agenda bem carregada de reformas que abarque quase todos os âmbitos de ação do governo.

O procedimento definido anteriormente às eleições de outubro de 2004 e posto em prática ao longo de 2006 pelo Ministério da Defesa Nacional, com o apoio do Programa das Nações Unidas para o Desenvolvimento e da Universidade da República, tem sido convocar um amplo debate nacional sobre a defesa com partidos políticos, legisladores, acadêmicos e especialistas, militares, jornalistas e organizações da sociedade civil, incluindo as organizações sindicais e empresariais.

Um processo de debate deverá ambientar a aprovação de uma Lei de Defesa Nacional que o país nunca teve, juntamente com a revisão da Lei Orgânica das Forças Armadas.

A aspiração de maior *fundo político* a que o processo proclama ser não somente cria condições para a elaboração de uma política pública de longo prazo, mas a superação de uma tradição de escassa transparência e visibilidade pública nos assuntos da defesa nacional e das políticas que se referem às Forças Armadas.

Entre os objetivos a que apontam o novo governo encontra-se um aspecto também central e decisivo: a *desmilitarização* do Ministério da Defesa Nacional e sua transformação em instituição dotada de capacidades – organizacionais e humanas – para exercer efetivamente a condução político-estratégica da defesa nacional e seu instrumento militar.

A legitimidade política de que goza o governo, em um contexto internacional e regional que torna inviável qualquer ruptura institucional, conforma um panorama que atribui viabilidade à reforma do setor de defesa e a reestruturação das Forças Armadas com o objetivo de superar os *déficits* e as *anomalias democráticas* no âmbito das relações entre as Forças Armadas e a sociedade que o Uruguai arrasta desde princípios do século XX.

Ele supõe superar tradições muito enraizadas e para tanto é imprescindível a construção de novas capacidades de governo. A condução básica para começar a transitar o processo de reforma – que será seguramente longo – é a vontade política de impulsioná-lo.

É exatamente o que deverá demonstrar o governo do presidente Tabaré Vázquez.

## REFERÊNCIAS BIBLIOGRÁFICAS

ABRAHAMSSON, B. *Military Professionalization and Political Power*. Beverly Hills: Sage, 1972.

BACHRACH, P., BARATZ, M. Two Faces of Power. *American Political Science Review*, v.56, n.4, p.947-52, 1962.

_______. Decisions and Non-Decisions: An Analytical Framework. *American Political Science Review,* v.57, n.3, p.632-42, 1963.

COLLIER, R. B., COLLIER, D. *Shaping the Political Arena*. Princeton University Press, 1991.

FEAVER, P. The civil military problematique: Huntington, Janowitz, and the question of civilian control. *Armed Forces & Society*, v.23, n.2, Winter 1996.

GARCÉ, A., YAFFÉE, J. *La Era Progresista*. Montevidéu: EBO, 2005.

GARCÍA, G. La defensa nacional en Chile: lecciones aprendidas. In: GONZÁLEZ GUYER, J. (Org.). *Debate Nacional sobre Defensa:* Aportes Internacionales. Montevidéu: PNUD-MDN-UDELAR, 2006.

GASPAR, G. Defensa Nacional y Democracia. In: GONZÁLEZ GUYER, J. (Org.). *Debate Nacional sobre Defensa:* Aportes Internacionales. Montevidéu: PNUD--MDN-UDELAR, 2006.

GONZALEZ GUYER, J. *La Política Exterior del Uruguay en el Ámbito de la Defensa*. Uruguai, 2000. Dissertação (Mestrado) – Instituto de Ciencia Política, Facultad de Ciencias Sociales, Universidad de la República.

GONZALEZ, J. Para qué Sirven los Fusiles: las Dos Agendas de la Cuestión Militar. *Observatorio Político Informe de Coyuntura (Montevidéu)*, n.5, 2005, ICP, FCS, UDELAR/Ed. Banda Oriental (o artigo também foi publicado no *Semanario Brecha (Montevidéu)*, n.989, ano 20, p.10, 5 nov. 2004.

LOPEZ, E. La Construcción del Control Civil: Argentina, Brasil y Chile. In: SAINT--PIERRE, H., KALIL MATHIAS, S. (Orgs.). *Entre votos e botas*. Franca: Unesp, 2001.

MARINI, R. M. *Transición y Crisis en Brasil en Archivo de Ruy Mauro Marini* (inédito), 1992. Disponível em: <http://www.marini-escritos.unam.mx>.

MARONNA, M., TROCHON, Y. Militares y Políticas en los Años Veinte. *Cuadernos Del Claeh*, serie 2, año 13, n.4, 1988.

MERCADER, A. *El Año del León*. Montevidéu: Santillana, 1999.

MINISTERIO de Defensa Nacional. *La Defensa Nacional*. Aportes para un Debate. Montevidéu: Oficina de RR.PP. del MDN, 2005.

O'DONNEL, G. Introducción a los Casos Latinoamericanos. In: O'DONNEL, G.; SCHMITTER, P.; WHITEHEAD, L. (Orgs.). *Transiciones desde un gobierno autoritario*. Buenos Aires: Paidós, 1986.

PNUD. *La Democracia en América Latina*: Hacia una Democracia de Ciudadanos y Ciudadanas. New York, 2004.

REAL DE AZÚA, C. Ejército y Política en Uruguay. *Cuadernos de Marcha (Montevidéu)*, n.23 El Militarismo, março 1969. Reeditado em REAL DE AZÚA, C. *Escritos Políticos*. Montevidéu: Cal y Canto, 1997.

STEPAN, A. *Rethinking military politics, Brazil and the Southern Cone*. Princeton: Princeton University Press, 1988.

WEBER, M. *Economía y Sociedad*. México: FCU, 1922(2002).

# Os Autores

## CARLOS GUTIÉRREZ P.

cgut@mi.cl

Licenciado em História, com mestrado em Ciências Sociais, mestrado em Ciências Militares e estudos no Centre for Hemispheric Defense Studies da NDU (CHDC) em Washington. Diretor do Centro de Estudos Estratégicos. Coordenador da seção chilena do Observatorio Cono Sur de Defensa y Fuerzas Armadas. Membro do projeto ibero-americano de investigação La Administración de la Defensa como Política Pública en Iberoamérica (Adefal), com sede no Instituto Universitário General Gutiérrez Mellado de Espanha. Participou das oficinas nacionais de debates sobre Serviço Militar (2000), o Segundo Livro da Defensa (2001). Participou de seminários especializados na Alemanha, na Espanha, nos Estados Unidos, no Brasil, na Argentina, no Paraguai e no Uruguai. Publicou artigos em livros e revistas especializadas nacionais e internacionais e é diretor da revista *Estudos Políticos Estratégicos*.

## ÉRICA WINAND

ericawinand@yahoo.com.br

Diplomada em História pela Universidade Estadual Paulista – UNESP (São Paulo-Brasil), com mestrado em História e Cultura Política e doutoranda em História das Relações Internacionais pela UNESP. É membro investigadora do Grupo de Estudos da Defesa e Segurança Internacional (Gedes) em assuntos de História Militar, História da Guerra e das Relações Internacionais. Especialista no tema das Forças Armadas e da cooperação brasileiro-argentina em matéria de Políticas de Defesa e Segurança. Atualmente, desenvolve pesquisa como bolsista da Fundação de Amparo à Pesquisa do

Estado de São Paulo (Fapesp) e é *fellow* do Center for Hemispheric Defense Studies da NDU. Publicou capítulos de livro e artigos em revistas especializadas nacionais e internacionais, assim como apresentou trabalhos em seminários e conferências no Brasil. Coordenadora da seção brasileira do Observatorio Cono Sur de Defensa y Fuerzas Armadas.

## ERNESTO JUSTO LÓPEZ

ernestojustolopez@gmail.com

Sociólogo, especialista em temas de relações cívico-militares, assuntos de Defesa e Segurança Internacional e Regional. Desde 1973, é professor em diversas universidades argentinas e estrangeiras. É professor titular regular da Universidade Nacional de Quilmes (UNQ), onde dirige o Programa de Investigación Fuerzas Armadas, Seguridad y Sociedad (Pifas); na atualidade está licenciado desses cargos. Realiza constantes pesquisas nas áreas de estudo citadas; foi fundador e coordenador da seção argentina do Observatorio Cono Sur de Defensa y Fuerzas Armadas e coordena o capítulo sobre Argentina do projeto ibero-americano La Administración de la Defensa en América Latina (Adefal), dirigido pelo Instituto Universitário General Gutiérrez Mellado da Uned, Espanha. Foi secretário acadêmico, vice-reitor de Pós-graduação, vice-reitor de Relações Institucionais e interinamente reitor da UNQ. Entre setembro de 2003 e abril de 2005 foi chefe de Gabinete do ministro da Defesa da Argentina. Desde maio de 2005 atua como embaixador da República Argentina no Haiti. No ano 2006 foi condecorado com a Medalha do Pacificador Duque de Caxias, que lhe outorgou o governo do Brasil, em reconhecimento por sua luta diplomática no Haiti. Publicou vários livros e numerosos artigos sobre temas de sua especialidade.

## HÉCTOR LUIS SAINT-PIERRE

hector.sp@uol.com.br

Graduado em Filosofia pela Universidad Nacional de La Plata, Argentina. Mestre em Lógica, Epistemologia e Filosofia da Ciência e doutor em Filosofia Política pela Universidade Estadual de Campinas – Unicamp, Brasil. Pós-doutorado Fapesp pela Universidad Autónoma de México, México, e livre-docente pela Universidade Estadual Paulista – UNESP, Brasil. Professor adjunto de graduação e pós-graduação no curso de História e de Relações Internacionais da UNESP, e da pós-graduação de Relações Internacionais do Programa Interinstitucional (UNESP/Unicamp/PUC-SP) San Tiago Dantas, onde coordena a área de Paz, Defesa e Segurança Internacional.

Pesquisador do CNPq e assessor de várias organizações científicas nacionais (CNPq, Capes, Fapesp) e estrangeiras (Conicet/Argentina). Fundou e coordena o Grupo de Estudos da Defesa e Segurança Internacional (Gedes) e dirige o Centro de Estudos Latino-Americanos (Cela), ambos da UNESP. Membro da diretoria da Red de Seguridad y Defensa de América Latina (Resdal). Fundador e coordenador da seção brasileira do Observatorio Cono Sur de Defensa y Fuerzas Armadas e coordenador do Grupo Cone Sul (Argentina/Brasil/Chile/Uruguai) do projeto Ibero-americano La Administración de la Defensa como Política Pública en Iberoamérica (Adefal) sediado em Madri, desde março de 2005.

Participou e organizou congressos nacionais e internacionais, debates e promoveu cursos e conferências em diferentes universidades brasileiras e estrangeiras sobre Estratégia, Forças Armadas, Defesa e Segurança, temas sobre os quais assessora meios de informação e outras organizações. Reorganizou e coordenou o GT "Forças Armadas, Estado e Sociedade" na Associação Nacional de Pós-graduação em Ciências Sociais (Anpocs), foi co-chair da seção Defense, Democracy & Civil-Military Relations da Latin American Studier Associations desde outubro de 2001 até 2004. É membro da Junta Acadêmica *Ad Hoc* do Inter-American Defense College (OEA) desde setembro de 2002.

Publicou numerosos artigos sobre Estratégia, Defesa, Forças Armadas, Conflitos e Paz em revistas acadêmicas especializadas nacionais e estrangeiras, assim como artigos de opinião em periódicos nacionais. É autor de *Max Weber: entre a paixão e a razão*. 4. ed. (2005). Campinas: Unicamp, 1991; e *A política armada*. Fundamentos da guerra revolucionária. São Paulo: Editora UNESP, 2000.

## JULIÁN GONZÁLEZ GUYER

juliang@adinet.com.uy

Diploma em *Études du Développement*, Institut Universitaire d'études du Développement, pela Université de Genève, Suíça. Magister em Ciência Política, menção Políticas Públicas pela Universidad de la República, Uruguai. É fundador e coordenador do Programa de Investigación sobre Seguridad Regional, FFAA Política y Sociedad (Prisfas) do Instituto de Ciência Política, Facultad de Ciencias Sociales, Universidad de la República, Uruguai. Docente da Faculdade de Direito, Universidad de la República, Uruguai. Coordenador nacional do Programa de Cooperação sobre Seguridade Regional da Friedrich Ebert Stiftung. Membro do projeto ibero-americano de pesquisa La Administración de la Defensa como Política Pública en Iberoamérica (Adefal), IUGM/Madri, desde março 2005. Em 2005-2006 foi consultor do

PNUD para coordenar o Debate Nacional sobre Defesa organizado pelo Ministério da Defensa Nacional, com o apoio da Universidad de la República, Uruguai. Publicou numerosos artigos em livros e revistas especializadas nacionais e internacionais e apresentou trabalhos em seminários e conferências no Uruguai e no estrangeiro sobre temas de sua especialidade.

SOBRE O LIVRO

*Formato*: 16 x 23
*Mancha*: 26 x 48,6 paicas
*Tipologia*: StempelSchneidler 10,5/12,6
*Papel*: Off-set 75g/m² (miolo)
Supremo 250 g/m² (capa)
*1ª edição*: 2007

EQUIPE DE REALIZAÇÃO

*Edição de Texto*
Regina Machado (Preparação de Original)
Camila Fernanda Cipoloni e Adriana Cristina Bairrada (Revisão)
Oitava Rima Prod. Editorial (Atualização Ortigráfica)

*Editoração Eletrônica*
Oitava Rima Prod. Editorial (Diagramação)

Impressão e acabamento
psi7 | book7
psi7.com.br book7.com.br